JN218516

Rudolf Steiner

Der Mensch als Zusammenklang des schaffenden, bildenden und gestaltenden Weltenwortes

シュタイナー 宇宙的人間論

光、形、生命と人間の共振

ルドルフ・シュタイナー
高橋 巖［訳］

春秋社

第一部　宇宙環境、地球環境、動物界・およびそれらと人間との関連

第二部　宇宙における現象と本質との内的関連

第三部　植物界と自然霊

第四部　人体組織の秘密

シュタイナー　宇宙的人間論——光・形・生命と人間の共振

第一部　宇宙環境、地球環境、動物界・およびそれらと人間との関連

第1講　人間と動物界（一九二三年十月十九日）

人間と宇宙

人間は、その生き方を含めて、ひとつの宇宙です。大宇宙の中の小宇宙として、宇宙のあらゆる法則性、宇宙のあらゆる秘密をすべて内に担っています。とはいえ、「大宇宙と小宇宙」というのは、まったく抽象的な命題ですから、これを具体的にイメージするのは、容易なことではありません。ですから、この講義では、先ず大宇宙の多様な秘密の一つひとつを取り出して、それをさらに人間の内部に再発見するという作業を、やってみようと思います。

そこで、人間がどのような意味で大宇宙の中の小宇宙なのかを具体的に知るために、今日は先ずいくつかの対象を取り上げて、それとの関連で人間を眺めてみたいです。もちろん、私たちが考察するのは、宇宙の中の小さな断面にすぎません。宇宙の全体像を表現しようとしたら、少なくとも思考作業を通してでも、全宇宙を渡り歩かなくてはならなくなってしまいます。

鳥の頭

先ず、人間の生活圏のすぐ上方に眼を向けてみましょう。そこには鳥たちが生活しています。その鳥たちは、地上や地中に住む動物たちと本質的に異なった姿をしています。鳥たちにも、頭、胴、肢体の区別はありますが、単なるそのような区別は、知的な観察の結果にすぎません。これまでも繰返して述べてきたように、宇宙を本当に理解しようとするなら、知的な理解にとどまっていないで、芸術的な観点をも導入しなければならないのです。

その観点から、鳥の頭を他の動物たちの頭とくらべると、鳥の場合は非常に退化していて、同じ頭だとは思えないくらいです。たしかに外から知的に観察すれば、鳥にも頭と胴と足があります。しかし、鳥の足も、たとえば、らくだや象の足とくらべて、なんと退化していることでしょう。そして鳥の頭も、獅子や犬の頭にくらべると、まったく萎縮してしまっているように見えます。頭らしい頭が存在しておらず、そのすべてが犬や象や猫の場合の口腔の前半部と大して変らないくらいです。鳥の頭は、哺乳動物の口腔を少し複雑化したようなものにすぎないのです。鳥の肢体もまた、哺乳動物の肢体にくらべると、まったく退化しています。なぜなのでしょうか。非芸術的に観察するのでしたら、前肢は翼に変化したのだ、と言えばすむかもしれませんが、そういう言い方は、非芸術的で、想像力に欠けています。自然を本当に理解し、宇宙の中に本当に参入しようとするのなら、自然の形成力をいつも以上に深く洞察することができなければなりません。

可視的な鳥の頭は、本来の鳥の頭ではないのです。鳥の可視的な姿からエーテル的な姿に霊眼を向けることができれば、鳥のエーテル形姿全体が、本来、頭だけの存在であることに気がつく筈です。他の動物たちのエーテル体のように、頭、胴、肢体があるのではなく、鳥のエーテル体の場合は、単なる頭、さまざまに変化した頭があるだけなのです。

眼に見える鳥の頭は、口腔だけをあらわしているようですが、そのうしろに続く部分、筋骨や背骨に似た骨格部分もまた、すべてが変化された頭と見なされるべきなのです。鳥は、その全体が頭なのです。そしてそのような鳥の姿の意味を理解するには、地球紀の過去を非常に、非常に遠くまで遡らなければならないのです。

鳥の背後には、地球紀の長い歴史がひかえているのです。たとえば、らくだの場合よりも、長い歴史がです。らくだは、どんな鳥よりも、ずっと後になってから生じた動物です。ダチョウのように、地上に拘束されている鳥たちは、鳥の中では、一番あとになってから生じました。自由に空中を飛翔する鳥たち、鷲や禿鷹は、地球紀の非常に古い動物です。鳥たちは、地球紀どころか、月紀、太陽紀においても、内蔵から外皮にいたるすべてを、すでにそなえていました。そして地球紀になってから、鳥類となって、翼や角質の嘴を形成するようになりました。今ある鳥の外姿は、あとになって生じました。鳥は頭部を比較的早くから形成し、地球紀のもっと後の諸環境の下で、翼をつけ加えることができたのです。

しかし問題は、もっと深いところにあります。ゆうゆうと大空を飛翔する鷲を眺めてみましょう。太陽光線が外から働きかけて、鷲に翼を与え、角質の嘴を与えました。太陽光線といっても、さまざまです。太陽は、単に物質的な光や熱の力だけではなく、ドルイド教の秘儀について述べたとき（訳注一九二三年九月九日の講義のこと）に話したように、霊的な力をも発しています。そしてその霊的な力が、鳥類にさまざまな色彩、さまざまな翼を与えているのです。太陽が発するさまざまな力を霊視すると、なぜ鷲がまさに鷲の翼をもっているのかが理解できます。

それでは、その鷲と人間との間には、どのような関係があるのでしょうか。この問題に答えるには、鷲の本質に沈潜して、鷲を内的、芸術的に理解し、それが太陽の働きから芸術的に形成されたものであり、その働きは、あとで述べるように、他の諸惑星のいろいろな働きによって強められている、ということも知っていなければなりません。太陽の働きは、すでに孵化する前から、鷲の中に働きかけ、翼を、より正確に言えば、翼の物質体を生じさせたのです。

そしてこの同じ太陽の働きは、人間に対しては、人間の脳を思考内容の担い手にしているのです。鷲の多彩な翼の中に、人間の中に生きる思考の力と同じ力の働きを見ることができるのです。人間の脳にしわをつくって、思考の基礎である、あの内なる塩の力を受容できるようにし、そうすることで人間をそもそも思索家にするのは、空中の鷲に飛翔するための翼を与えたのと同じ力なのです。

ですから思考するとき、私たちは、自分が翼をもった鷲に似ている、と感じることができます。私たちの思考内容は脳から流れ出ますが、それと同様に、翼は鷲からあふれ出たのです。

私たちが物質界からアストラル界にまで昇れば、物質界で翼を形成した力が、アストラル界で思考を形成しているのを知ることができます。同じ力が物質界においては鷲に翼を与え、アストラル界においては人間に思想を与えるのです。このことは、ドイツの民間伝承が見事に語っています。羽根の根元を切り取ってその中味を取り除くとき、その中味をドイツ語で「魂」と呼ぶのです。この呼び方は、単なる思いつきだと思う人もいるでしょうが、思いつきなどではなく、そもそも羽根には特別なものが、つまり思考形成の秘密が含まれているのです。

ライオンの呼吸

ここで空中に住む鷲から離れて、陸に棲むライオンのような哺乳動物に眼を向けてみましょう。ライオンを理解するには、環境の中に生きることに大きな喜びと満足を感じている様子を見なければなりません。哺乳動物の中で、ライオンやそれに近い動物たちほど、うかがい知れぬ程に、見事な呼吸を行う動物は他に存在しません。元来、動物はみんな呼吸のリズムと血液循環のリズムとを一致させているのですが、ただライオンたちの場合、循環系のリズムが、それに依存している消化器官によって鈍重になっており、一方呼吸系のリズムは、頭脳をより容易に形成するように、軽快になっているのです。

鳥の場合はどうでしょうか。呼吸活動が頭脳の中で行われているのです。ですから鳥の全体が頭部なのです。外から見ても、頭を周囲の世界にさし出して、思考内容を翼の形にして生きています。

正しい自然感情は、自然美の体験を伴うのが常ですが、私たちが心の内に生きいきと感じる思考内容と鳥の翼との深い親近性を感じとるときほど、感動にさそわれることはめったにありません。そういう体験をすると、いつ自分が孔雀のように考えるのか、いつ鷲のように、または雀のように考えるのかも分かってきます。一方はアストラル的であり、他方は物質的であるのに、互いにすばらしい仕方で対応しているのです。ですから、鳥の生活は主として呼吸から成り立っており、血液循環その他の働きは、ほとんど消えています、消化系、循環系の鈍重さは、鳥の羽ばたきの中で取り去られ、存在しなくなっているのです。

ライオンの場合の呼吸と血液循環の間には、一種の均衡が存在しています。もちろんこの場合の血液循環も鈍重ではあるのですが、らくだや雄牛の場合ほどに鈍重ではないのです。らくだや牛の消化作用は、血液循環に非常な負担をかけていますが、比較的短い腸で、早く消化が行われるように造られているライオンの消化器官の働きは、循環系の重荷にはなっていません。ライオンの呼吸は、その循環系のリズムと均衡を保つように機能しています。ライオンは呼吸のリズムと心臓の鼓動のリズムとが内的にもっとも釣り合い、調和している動物です。ですから、ライオンが限りない欲望をもって餌をあさるのは、その欲望の下にあるときが一番うれしいからなのです。そして飢えは他の動物の場合よりもはるかに大きな苦しみを与えます。食べることに貪欲ではあっても、特に美食家であるわけではなく、呼吸と血液循環の均衡状態によって内的な満足が呼び起こされるのですから、味にこだわる必要はないのです。ライオンが生きているという実感をもつのは、獲物が養分となって血の中に入り、心臓の鼓動と呼吸との相互関係の結果、深い内的な満足感をもって呼吸を感じとれるときなのです。養分の摂取によって、呼吸と血液循環との内的均衡を感じとれるときなのです。ライオンが本当にライオンらしく生きるのは、血液が上方で脈打ち、呼吸が下方で息づくときなのです。ふたつの波動のこの相互作用の中で、ライオンはライオンらしく生きるのです。

ライオンの走り方、跳躍の仕方、頭の動かし方、見つめ方を観察してみて下さい。これらすべては、均衡が破れたり、また均衡を保ったりの絶えざるリズミカルな繰り返しに発することが分かるはずです。ライオンのおそるべきあの眼差しくらい、人に神秘的な思いを呼び起こすものはめったにありません。その眼差しは、内にこめられた圧倒的な力でこちらを見つめているのです。その力は対立している働きを内的に克服する力です。まったく完璧な仕方で、呼吸のリズムによって心臓の鼓動を克服する力なのです。そしてこれが外を見つめるライオンの眼差しの秘密です。

芸術的な形成力を知っている人がライオンの口を見れば、心臓の鼓動が口腔にまでリズムを伝えている、と思えるでしょう。しかし呼吸が、この心臓の鼓動を抑えています。心臓の鼓動と呼吸のこのぶつかり合いが、ライオンの口に表現されているのです。

ライオンは胸部器官そのものです。その外姿も、その生活態度も、そのすべてがリズム系を現しているのです。心臓の鼓動と呼吸とのこの相互作用は、心臓と肺の位置関係にも現れています。

牛の消化系

それでは、大空を飛翔する鳥類や大気を呼吸するライオンから離れて、牛に眼を向けてみましょう。別の関連で述べたことがありますが、十分に飽食した牛たちが牧場でねそべっている様子には、とても興味をそそられます。牛たちの消化活動が、のんびりとしたその姿や動作や眼つきの中に見てとれるのです。どこかで物音がしたとき、牧場の牛がどうするかを観察して下さい。頭をもち上げようとしても、頭の中に特別重たいものがつまっているかのように、容易に頭をもち上げられないかのようなのです。まるで草を喰むのではないのに、頭をもち上げなければならないのは変だ、と思っているかのようです。牛はこう考えています。――「一体なんで今頭をもち上げなければならないのか。草を喰うためではないのに、頭をもち上げて、なんの得になるのか」。

どうぞ、動物が頭をもち上げるときの様子を観察してみて下さい。ライオンと牛とでは、様子が違いますが、その違いが頭の形にもあらわれています。牛は存在全体が消化器官のようです。消化の重たさが血液循環にのしかかり、頭と呼吸を圧倒しています。上空の鳥を見、それから地上の牛の様子を見るとき、その対比は強い印象を与えます。

鳥、ライオン、牛と人間

もちろん、物質体としての牛をどんなに高いところへもち上げても、鳥になることはありません。しかし牛の物質体を空気と湿気から成る環境になじませ、そのエーテル形姿をアストラル界に適応させるなら、牛は上空で鳥になるでしょう。牛のアストラル体が鳥にふさわしいものになるでしょう。上空の鳥に翼を与えるアストラル体の働きは、牛の場合、肉や筋や骨を形成するために働いています。鳥の場合、翼を与えるアストラル性質が、牛においてはからだを作っているのです。

一方、鷲のアストラル体を地上のエーテル界、物質界に適応させたとしますと、そのアストラル性質は、たとえば大地に横になって消化している牛のエーテル性質、物質性質に変わるでしょう。牛は消化活動をいとなむことで、すばらしい独自のアストラル体を発達させています。消化しているときの牛はとても美しいのです。それはアストラル体がすばらしい美に輝いているからです。消化活動を非精神的だと思っている人が、高次の立場から牛の消化活動を見たなら、その通俗的な意見がひっくり返ってしまうほどに、美しい霊的な光景を見るでしょう。

ライオンの消化活動はそういう霊的な特徴をもっていません。鳥であれば、なおさらです。鳥の消化活動は、まったくといっていいくらい、物質的な在り方をしています。もちろん、鳥の消化器官の中にもエーテル体が働いていますが、アストラル体はほとんどまったくといっていいくらい働いていません。それに反して、牛の消化過程におけるアストラル体の働きは、まったく壮大であり、ひとつの世界全体であるとさえいえます。そして似たものを、人間の消化諸器官とそれの継続である肢体系にも、見ることができます。人体のこれらの器官は、人間の場合は、一面的に発達することなく、他のアストラル活動と調和しています。

このようにして、空高く飛翔する鷲と直接空気を楽しむライオンと大地の力と結びついた牛という、三つの動物の本性が、人間の中で調和して結びついているのを、私たちは見ることができるのです。言い換えれば、人間の頭は鳥のメタモルフォーゼであり、人間の胸はライオンのメタモルフォーゼであり、人間の代謝、運動器官は牛の壮大なるメタモルフォーゼなのですが、それらが互に見事に調和して働いているのです。

本来、人間は自然全体から生まれ、そしてみずからの内部に自然全体を、従って以上に述べたような鳥の世界、ライオンの世界、牛の世界を担っているのです。このことが分かれば、「人間はひとつの小宇宙である」、という抽象的な命題を具体的イメージすることができます。

実際、人間はひとつの小宇宙であり、人間の中には大宇宙が存在しています。空中に生きる動物、地上で大気に包まれて生きる動物、さらには地下の重力を主要な要素としている動物、それらすべての動物たちが、人間の中で、調和した全体となって働いているのです。

だからこそ、古代人は、本能的、見霊的に宇宙を洞察し、鷲、ライオン、牛の調和した全体こそが人間なのだ、と考えたのです。このことを近代霊学の観点からあらためて考察するとき、繰り返して申し上げてきたことですが、古代人のこの偉大な人間観（獅子、牛、鷲、人間の四聖獣の考え方）に驚嘆せざるをえません。

明日は、鷲、ライオン、牛を衝き動かしている衝動を、一つひとつ取り上げるつもりですが、その前に、内なる人間と外なる宇宙との間に存する、もうひとつの対応関係をここで取り上げておこうと思います。

思考、感情、意志

すでに見てきたように、人間の頭部を知るには、その本性にふさわしいもの、つまり鳥類に眼を向け、その胸部の呼吸や心臓の鼓動を知るには、自然の秘めたる秘密であるライオンに眼を向け、その新陳代謝を知るには、牛の体的構造を理解しなければなりません。このことは理解していただけたと思います。

けれども、人間の頭部は思考内容の担い手であり、胸部は感情の担い手であり、代謝系は意志の担い手なのですから、その意味で、人間の魂は、鳥の翼で天空を飛翔する思考作用のあらわれであり、ライオンの心臓の鼓動と肺の呼吸との内的調和の中で大地を俳徊する感情世界のあらわれであり、また、牛の姿が示しているような、主として新陳代謝の中に存する意志衝動のあらわれでもあります。人間の感情はやわらげられてはいますが、「勇気」をもっています。「勇気」のギリシア語は、心臓、胸をも意味しています。

このような発想は、宇宙の霊的関連に無理解な現代においては、グロテスクな妄想だとしか思えないでしょうが、事実にもとづいており、そして当然のことながら、古代から言い伝えられてきました。そのことを示すよい例が、あのマハトマ・ガンジーです。ロマン・ロランが、まだ決して十分とは言えませんが、彼を世に紹介してくれました。マハトマ・ガンジーの活動は、政治的であるとはいえ、インド民族の中で、言ってみれば、十八世紀啓蒙思想家がキリスト教に対したように古代ヒンズー教に対していますが、彼の啓蒙主義的ヒンズー教は、伝統の中で牛の崇拝だけを保ち続けました。インドにおける政治活動の故に、イギリス人によって六年間もひどい獄中生活を送ったマハトマ・ガンジーが、牛の崇拝から離れてはいけない、と語っているのです。

霊的な文化の中に根強く残っているこうした事柄を理解するには、牛の消化活動の中にどれほど大きな秘密が生きているか、地上的になった「牛のアストラル的なもの」がどれほど崇拝すべきものかを、正しく知る必要があります。この点からヒンズー教徒の牛に対する宗教的崇拝も理解できます。しかし、今日の合理主義的、主知主義的な概念によっては、とても理解されそうにありません。

私たちは、意志、感情、思考を外なる宇宙の中にも、それに対応する小宇宙（人間）の中にも見出すことができますが、人間の中には、それ以外にも、いろいろな働きがあり、外なる自然の中にも、同じくらいいろいろな働きがあります。そこで今、蛹から蝶へのあの変身の過程について考えてみましょう。

蛾の変身

蝶が卵を生みますと、その卵から幼虫が出てきます。周囲から閉ざされた卵の内部には、後の動物の素質が含まれています。卵から出てきた幼虫は、光の充満する空気に触れます。それが幼虫の環境です。そこで今、幼虫が日光の充満する空気の中に生きているという事実に注意を向けてみましょう。夜、ランプに火をつけると、蛾がランプの火に向かって飛んできて、その光の中で死んでいきます。光が蛾に作用して、死を求めさせるのです。そこに生命存在に対する光の作用がはっきりと現れています。幼虫は光源の中に飛び込んでいくことができませんが、蛾が焰の中で死ぬときと同じくらい強く、そうしたいと欲しているのです。蛾は焰の中に身を投じて、火の中で死にます。幼虫も同じように焰を求めますが、その焰は太陽から幼虫に向かって働きかける焰なので、太陽に身を投じることができません。光と熱への転身は、幼虫の場合、霊的なものにとどまっています。

日光のすべての霊的な作用の中で、幼虫は太陽光線のひと筋ひと筋に従いながら、昼間、太陽光線と共に生き、そして夜の蛾が光に身を投じて、みずからの物質体をすべて光に捧げるように、幼虫はその物質体をゆっくりと光の中に織り込みます。夜は休み、昼はふたたび織り続け、こうして自分の周囲に繭をつむぎ、かつ織りめぐらすのです。

幼虫が、流れてくる日の光の中で、自分の物質体である糸で織り出したものが繭なのです。今や蛹となった幼虫は、太陽光線をみずからの中に取り込み、みずからの成分を使って太陽光線を周囲に織りめぐらしたのです。蛾はすみやかに物質的な火の中で燃えてしまいますが、幼虫は日の光に身を捧げ、求める日の光のひと筋ひと筋を糸にして周囲に織りめぐらします。蚕の繭を手にとって、よく眺めて下さい。それは織りめぐらされた日の光なのです。ただその光は、蚕の実体を通して、物体化されています。内部の空間はその物体によって閉ざされ、外なる日の光がいわば遮断されているのです。しかし以前、ドルイド教の秘儀との関連で言いましたように、日の光から巨大環状列石の中へ入っていくもの、それが繭の内部に存在しているのです。

太陽は、これまで日の光を行使して幼虫に繭をつむがせましたが、今や内に働きかけて、内部から蛾を生じさせます。こうして、循環が新たに始まります。鳥の卵の中では、ひとつの経過でしたが、ここでは別々に分かれて現れています。

どうぞこの過程を卵を産む鳥の場合と比較して下さい。鳥の場合は、みずからの内部に石灰の殻が作られます。日の光の働きは、石灰の成分を用いて、卵、幼虫、繭に分けられた全過程をひとつにまとめています。すべてが鳥の卵の硬い殻の中で、統合されています。この統合によって、鳥の卵の中の成長過程は別様になっています。鳥が卵の形成にいたるまでが、蛾の場合は別々に、卵の形成、幼虫の形成、蛹の形成、繭の形成に分かれています（図1参照）。私たちはそれを外から見ることができます。そして繭から蛾が這い出てくるのです。

この全過程をアストラル的に見ると、何が見えるでしょうか。

鳥の存在全体は、人間の頭を、つまり思考内容の形成器官を表現していました。それでは、空中を

図1

飛ぶこともでき、しかも胎生過程を非常に複雑な仕方で辿る蛾は、何を表現しているでしょうか。蛾が表現しているのは、いわば頭部機能の継続、頭部の働きが、いわば全人間にまで及んでいる様子です。

人間の頭部は、物質的だけでなく、エーテル的、アストラル的に見ますと、卵の形成過程と非常によく似ています。頭の機能だけでしたら、その時どきの思考内容を形成するにすぎないのですが、その思考内容は、私たちの内部に沈み込んで、全人間に働きかけ、そしてふたたび記憶となって浮かび上がってくるのです。私たちが外界に対してその都度作り上げる思考内容をよく観察してみて下さい。そして鷲の翼の中に、物体化した思考内容を見ようとしてみて下さい。私たちの思考内容は単なる思考内容であり、一瞬一瞬の思考内容です。一方、私たちの記憶内容には複雑な経過が生じています。肉体の中に、もちろん霊的な仕方で、一種の卵が形成されます。それはエーテル体においては、幼虫の形成に似た何かであり、アストラル体においては、蛹形成、繭形成に似た何かです。私たちの内部に思考内容が生じるのは、蛾が卵を産みつけるのに似ており、思考内容の変容は、幼虫の変容に似ているのです。すなわち、エーテル体のいとなみが霊的な光に身を捧げて、思考内容を内なる繭のアストラル繊維で織り出すと、記憶内容が作り出されるのです。一瞬一瞬の思考内容の中に鳥の翼を見るとすれば、記憶内容の中には、多彩に輝く蛾の、または蝶の羽根を見なければなりません。

このようにして、自然と私たちとの非常に深い結びつきが感じとれます。思考する私たちは、思考内容の世界を飛翔する鳥の中に見、思い出す私たちは、記憶の世界を日の光にきらめきながら羽ばたく蝶の中に見るのです。人間が小宇宙であり、外なる大宇宙の秘密を内に担っているからこそ、私たちは、内なる思考内容、感情、意志、記憶像を外なる自然界の中に再認識できるのです。

アフリカの寓話

現実を見るとは、そういうことなのです。ですから現実を単なる思考によって理解することはできません。単なる思考にとって、現実などはどうでもいいことなのですから。思考は論理だけを求めます。そして同じ論理で、現実のどんな事柄をも証明できます。このことを明らかにするために、最後にひとつの比喩を申し上げて、明日の話につなげたいと思います。

フェラタ族というアフリカの黒人種族は、深い内容のある美しい物語をもっています。或るとき、ライオンと狼とハイエナが歩いていると、鹿がいましたので、三頭のうちの一頭が嚙み殺してしまいました。この三頭は互いに仲がよかったので、この殺した鹿を仲良く分けることにしました。そこでライオンがハイエナに言いました。「君が公平に分けてくれ。」ハイエナは論理家でしたが、その論理は生きたものというよりも、死んだものに依拠しています。だから勇気次第、臆病次第でどうにでも変化します。

ハイエナは言いました。「鹿を三等分しよう。三分の一をライオンが、次の三分の一を狼が、残りの三分の一を私がとればいい。」ところがライオンはたちまちハイエナを噛み殺してしまい、そして狼に言いました。「狼君、今度は君が分けてみてくれ。」狼が言いました。「別の分け方をしようよ。君がハイエナを片付けてくれたのだから、もちろん先ず君がハイエナの分として三分の一を取り給え。次の三分の一は、ハイエナが言ったように、もともと君の分なのだから、君が取り給え。そして残りの三分の一も君が取り給え。君は獣の中でもっとも賢くて、もっとも勇敢なのだからね」。そう言って、狼は三等分しました。そこでライオンが、「その分け方を誰にならったの。」とききますと、狼は、「ハイエナがそうするように今教えてくれたよ。」と答えました。そうしたら、ライオンは狼を喰い殺さずに、狼の論理に従って、三つの部分を受け取ったそうです。

数学的、知的な理解力は、ハイエナにも、狼にもありました。ふたりとも三等分しましたが、その同じ三等分の仕方を、違った現実に適用したのです。そしてその結果、運命が決定的に違ってきました。ハイエナは分け方を、狼と違った仕方で現実に適用したために喰い殺されましたが、狼は、同じハイエナの論理を、――ハイエナが教えてくれた、と狼自身が語っています――この同じ論理を別の現実に適用して、自分が喰われずにすむようにしたのです。同じハイエナの論理が現実への適用の仕方でこんなにも変わってしまうのです。知的なもの、論理的なものは、どんな現実にも適用できるのです。

抽象作用はすべてそうなのです。それはどのようにでも現実に適用できます。ですから、小宇宙である人間を大宇宙と対応させるときも、論理的に人間を考察するだけではなく、主知主義を芸術的なものと結びつけるのでなければなりません。私たちが主知主義を変容させて、芸術的なものにし、認識原理としての芸術的なものを育成できたなら、人間の中にあって、自然的にではなく、人間的にいとなまれているものを、外なる大自然の中にも見出すでしょう。そのとき、真の意味で、人間と大宇宙との親和関係が見出せるのです。

第2講　人間と宇宙の関係（一九二三年十月二十日）

太陽光線の宇宙的性格

前回は鷲に代表される天空を飛ぶ動物と、ライオンに代表される中間の動物と、牛に代表される大地の深みに根ざす動物との関係を取り上げました。今日は動物界のこれら代表たちの形姿と人間の形姿との内的関係をふまえて、人間と宇宙との関係を考察しようと思います。

そこにいる動物を頭部組織だけにしてしまうような領域の話を前回いたしましたが、今回も先ず、このような力の働く領域に眼を向けてみましょう。そのような動物が生じるのは、太陽の光に満ちた大気のおかげです。太陽の光に満ちた大気は、動物の生存を可能にすると同時に、翼の形態をも生じさせている、と私は前回申し上げました。動物の形態は、外部の状況に依存しています。翼は、外の領域が作り出した動物形態の一例です。太陽の光に満ちた空気の働きが、鷲の場合のように、外から作用して特定の形態を引き出すのではなく、内から人間の神経系を通して形態が作り出された場合、そこに思考内容が生じます。思考内容が、一瞬一瞬、形態をとって作り出されるのです。

さて、このような考察をふまえて、もちろん問題をいっぱい抱えてではありますが、私たちの眼を上方へ向けますと、安定した大気を貫通する太陽光が眼に映じます。しかしこの太陽は、宇宙のさまざまな方向から力を得ています。太陽の作用は黄道十二宮と結びついているのです。ですから、太陽の光が獅子座から地上に射しているときと、天秤座や蠍座から射しているときとでは、その光は、地球にとっては別の意味をもつのです。しかし太陽系の諸惑星によっても、太陽の光は強められたり、弱められたりして、その光にそれぞれ別の意味が生じます。特に太陽の光に働きかける惑星が、外惑星である火星、木星、土星か内惑星である水星、金星、月かで、太陽の光に大きな相違が生じます。

鷲と外惑星

さて、鷲の生体を考察するときには、土星、木星、火星の働きかけによって、鷲に作用する太陽の力が強められたり弱められたりしています。鷲がジュピター（木星）の使いであるという伝説も、このことと無関係ではありません。木星は外惑星を代表しています。そのことを知るには、宇宙空間における土星領界、木星領界、火星領界を区別できなければなりません。

この図2を見てください。ここに土星領界、木星領界、火星領界があります。それからここが太陽

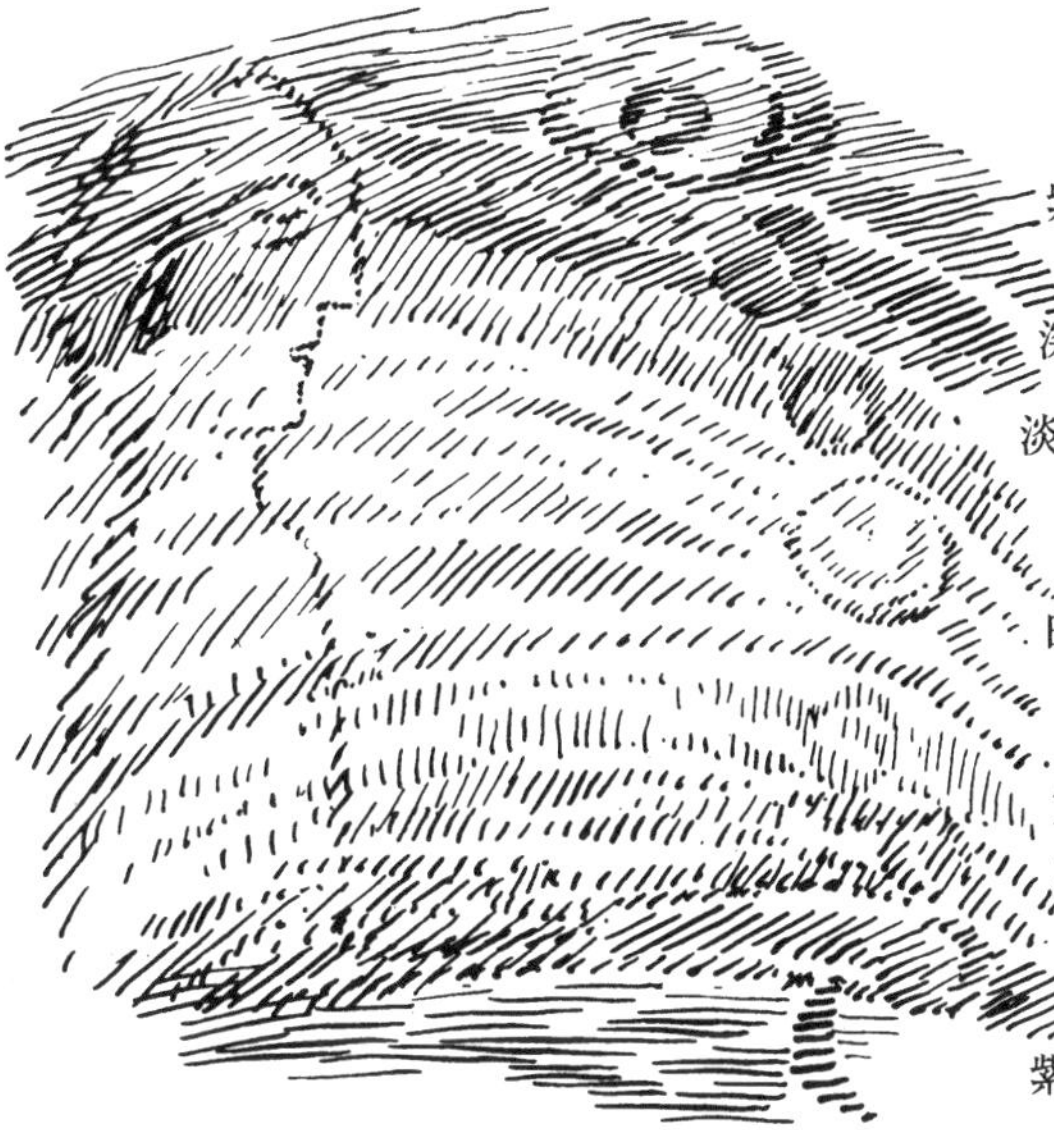

図２（オリジナルはカバー参照）

領界です。太陽系は外側に太陽、火星、木星、土星があって、共同で働いていま す。天空を飛翔する鷲の姿の中には、太陽と火星、木星、土星との共同作用の力が働いています。その力は、太陽から発して、大気を貫き流れているのです。その力は、人間の頭部の中にも働きかけています。そして人間の本当の姿――地上の姿はそのミニアチュアにすぎません――を宇宙の中に見ようとするなら、人間の頭を鷲の領界に置いて見なければなりません。

ライオンと太陽

ライオンは太陽動物の代表です。太陽は、この動物たちの中で本来の力を発揮しています。ライオンは、外惑星と内惑星が及ぼす太陽への影響のもっとも少ないときに、もっともよく成長します。数量的にではなく力動的に、ライオンの呼吸系のリズムと血液循環のリズムとが、このときに完全な均衡状態に達するからです。このことがライオンの場合に、見事にあらわれています。ライオンの呼吸が抑制されますと、血液循環が呼吸の流れを促進させようとします。このことは、ライオンの口腔の形にあらわれています。血液のリズムと呼吸のリズムの見事な結びつきが、ここに示されているのです。同じことは、静かに、しかも大胆に前方を凝視するライオンの眼差しからも見てとることができます。ライオンの眼差しの中には、頭部系、代謝系、胸部の心臓系、律動系が互に結びついて働いています。

ですから本来の太陽の作用を図に描くときには、人間の心臓、肺臓に太陽が作用していること、そしてここに人間のライオン性が見られることを知らなければなりません。

牛と内惑星

内惑星に眼を向けますと、新陳代謝の繊細な部分に関わる水星領界にまず到ります。ここで養分がリンパ液の成分に変化し、そしてさらに血液循環にまで運ばれます。

さらに金星領界になりますと、新陳代謝のより粗野な部分に到ります。それは摂取した養分を消化するための、胃その他の諸器官の領域です。そして最後に月の領界に到ります。私はこの順序を現在の天文学で言われている通りに述べましたが、いずれにせよ月の領界まで、新陳代謝の諸経過が人間に作用するのです。

こうして、私たちは人間を宇宙全体の中に組み込みました。太陽が水星、金星、月と結びついて行う宇宙作用は、昨日述べた意味で、牛に代表される動物が受けとる力の作用です。その作用領域では、太陽だけではなく、太陽が地球に近い諸惑星を通してみずからの働きを地球に及ぼすのです。この働きは、空気を通して作用するだけでなく、地球の表面にさまざまな仕方で働きかけ、その働きが地中の深みからも作用するようになります。この地下からの働きは、牛の中に具体的に見てとることができるのです。

牛は反芻動物です。しかしその消化の仕方は、超地上的なものを示しています。つまり、宇宙全体のアストラル性を見事に映し出しているのです。昨日述べたように、牛のアストラル体の中には、ひとつの世界全体が存在しているのですが、その世界のすべてが重さに担われており、すべてに地球の重さが作用しているのです。牛は毎日、その体重のほぼ八分の一の養分を摂取しています。人間は体重の四十分の一を摂取することで、十分に健康を維持しています。しかし牛がその生体を十分に働かせるためは、大地の重さが必要なのです。素材の重さが牛の生体には必要なのです。毎日牛は、体重の八分の一の成分を代謝活動で取り替えなければなりません。このことが牛を大地に結びつけているのですが、その一方で、牛のアストラル体は、同時に天上の、宇宙の模像を示しているのです。

ですから牛は、ヒンズー教徒にとって、昨日言いましたように、崇拝すべき対象なのです。ヒンズー教徒は言います。――牛は地上で生きている。しかし地上で生きているにも拘わらず、その体重の重さの中に超地上的なものをも示している。

そして、鷲、ライオン、牛がそれぞれ一面的に表わしている三つの宇宙作用を、あらためて調和し、融合するときにのみ、人体を正常に機能させることができるのです。

現代の危機——三つの誘惑

しかし宇宙の進化の過程で、現在という時代は、危険に脅かされている時代です。一面的な作用が一面的なまま、人間の中で働いているのです。十四、五世紀から現代まで、人間は、ますます一面的に、地上の生活をいとなむようになりました。人間の頭部は、鷲の作用を、人間の循環系はライオンの作用を、代謝系は、牛の作用を、互いに排他的な仕方で受けとっています。そして地上に働きかける人間の作用全体も、一面的になってしまったのです。

人間が宇宙の働きで三分節化されたのに、その宇宙の働きの中の一つが他の二つを抑圧しようとします。このことが、私たちの時代の特徴なのです。鷲はライオンと牛を無力化しようとします。同様にライオンも牛も、他を抑圧しようとします。現代においては、人間の潜在意識が、絶えず非常に誘惑的な力を行使しているのです。それは確かに誘惑的で美しい力なのです。人間の表層意識はそれを知覚していませんが、潜在意識の中の宇宙は、三通りの仕方で、人間を誘惑しようと、呼び声を上げているのです。今日の時代の秘密と言えるものは、上空の鷲の領域から、鷲を鷲たらしめているもの、鷲に翼を与えているもの、鷲をアストラル的に取り巻いているものが、響いてくることです。その鷲の本性そのものが、人間の潜在意識には聞こえているのです。

私の存在をよく知るがよい。
お前の頭の中に
ひとつの宇宙を創り出す力、
私はその力をお前に授けよう。

これが鷲の領域から響いてくる誘惑の呼び声です。

そして第二の誘惑の呼び声が、中間の領域から聞こえてきます。この領域での宇宙の働きは、ライオンの本性を形成し、太陽と空気の結びつきから呼吸と血液循環のリズムのあのバランスを生じさせ、ライオンの本性を構成するのです。いわばライオン感覚の中で空気をふるわせ、人間のリズム系を一面化しようとするものが、人間の潜在意識に次のような言葉で誘惑するのです。

私の存在をよく知るがよい。
大気の輝きの中に
宇宙を具体化する力、
私はその力をお前に授けよう。

そのようにライオンが語ります。

人が信じる以上に、人間の潜在意識に呼びかけるこの呼び声は強力に作用するのです。皆さん、人体のさまざまな組織は、これらの作用を受けとるために作られています。たとえば西方に居住するすべては、鷲の声に誘われるような在り方をしています。特にアメリカ文化は、その人間性の特殊な在り方によって、鷲の言葉の誘惑にさらされています。ヨーロッパ中部は、古代文化の多くを保持しており、たとえば自由な生活を求めてイタリアへ旅立ったゲーテに、そうするように促したものの多くがそこに生きているので、ライオンの語る声に、特別にひきつけられるのです。

東洋の文明は特に牛の語る声に無防備です。他の両動物が宇宙を代表して語るように、牛の重さの中に生きているものの呼び声が、地下深くからごろごろと響くのです。昨日言いましたように、牛は独特の、大地の重さに従うやり方で、飽食して牧草の中に寝そべっています。その姿は、大地の重さに従っている様をよく示しています。それは毎日体重の八分の一を取り替えなければならないものの姿なのです。それに加えて、太陽、水星、金星、月の影響の下に牛のすべての消化器官を生じさせている大地の深みは、魔的に低く声を発しながら、次の言葉を響かせるのです。

私の存在をよく知るがよい。
天秤、標尺、数を
宇宙から奪い取る力、
私はその力をお前に授けよう。

そう牛は語ります。そして東洋が特にこの呼び声にさらされています。東洋には古い牛の崇拝がヒンズー教として存在しているので、牛のこの呼び声にひきつけられやすいのですが、もしもこの呼び声が本当に人類に働きかけて、人類を支配するようになったら、東洋からのその作用は、西洋に進歩を妨げ、没落を促す文明を生じさせるでしょう。一方的に、大地の魔力が文明社会に作用することでしょう。そうしたら、いったい何が起こるでしょうか。

数量化と機械化

次のことが起こるのです。これまでの数世紀の間、私たちは外的科学の下に技術を開発し、外的な技術に支配された生活を発達させてきました。私たちの技術は、あらゆる分野においてすばらしい成果をあげてきました。自然力は技術化され、非生命的な力を発揮しています。そしてそのような自然力を、文明社会全体に有効に機能させているのは、天秤と標尺と数なのです。

天秤、計量器、計算、測定は今日の科学技術に携わる人たちの理想的な手段です。あらゆる時代の哲学者が、「現実とは何か」という問いに答えようとしてきたのはご存知ですね。そこで、現代の或るすぐれた数学者は、「存在を保証するものは何か」という問いに、こう答えています。「計ることのできるものこそが現実に存在する。計ることのできないものは、現実に存在しない」

すべての存在を実験室内に持ち込み、重さを量り、寸法を採り、数量化して考察する、というのが理想なのです。重さ、大きさを計り、数量化したものから、科学と呼ばれるものが打ち立てられました。そしてそこから技術が生じて、ますます有効性を発揮しています。数と度量衡は、文明全体を計る尺度となったのです。

さて、もしも知性だけで度量衡を適用するのであれば、特に悪い結果にはなりません。人間は非常に賢くなりましたが、まだまだ宇宙の賢さには及びませんから、宇宙に対して、測定し数量化する作業をいくらやっても、特別悪いことは起こりません。しかし、もしもまさに現代の文明そのものがそのまま秘儀参入の場になり、そして人々の心情を支配するようになったなら、大変なことになります。そしてそれが起こりうるのは、すべてが度量衡からなる西洋文明が、東洋に普及する事態になったときなのです。すなわち、牛の生体の中に霊的に働いているものが、秘儀の学によって、解明されてしまうときなのです。

牛の生体の重さや大きさを計り、数量化することで、体重の八分の一の養分の在りようが分かるようになれば、牛における大地の重さを霊的に組織しているものを認識するようになるでしょう。牛の生体のすべてを認識して、どのように牛が牧場に横たわり、咀嚼し、その消化過程で宇宙の見事な働きをアストラル的に開示しているかを認識するようになるでしょう。そしてさらに、重さ、大きさを計り、数量化したものをひとつの体系に組み込み、それによって文明のすべてを支配するようになり、計れるものだけを取り上げ、他の一切を消し去るような文明を地上に生じさせようとするのでしょう。牛の生体の秘密に参入すると、一体何が起こるのでしょうか。これは非常に重要な問いなのです。何が生じるのでしょうか。

共振の法則

たとえば、機械を構成する仕方は、個々の機械次第でいろいろですが、しかしすべては、まだ不完全な機械を次第に振動、発振に基づく機械にしようとする方向に向かっています。何かを振動させ、その振動（Oszillation）によって、つまりその周期的に繰り返す運動によって、機械の効果を生じさせようとするのです。すべてがこのような機械を目指しています。しかしいつか、このような機械全体を、牛の生体の養分の分配から学べるような仕方で、組み立てることができれば、機械によって地球上に生み出される振動が、この小さな地球の中の振動が、地上や上空で生じるものと共振し、共鳴するようになるでしょう。太陽系の運行、運動もまた、私たちの地球系と共振するでしょう。ちょうどひとつの弦を打ち鳴らすと、他の弦が共振するようにです。

これはおそるべき共振の法則なのですが、牛の呼び声が東洋を誘惑し、その結果、西洋の非精神的な純機械文明にその影響が浸透するようになります。それによって地球全体にひとつの機械体制が確立し、宇宙の機械体制にすっぽりとはまり込んでしまうとき、このおそるべき法則が成就するのです。そうなったら、大気圏の働きのすべても、星々の作用のすべても、人類文明によってで根絶されてしまうでしょう。たとえば、四季の体験が、春の萌え出る生命や秋の枯れていく生命の体験が、そのすべてが人間にとって意味を失うでしょう。人類文明は、振動する機械のジージーガチャガチャという音に満たされるでしょう。そしてジージーガチャガチャのこだまが、宇宙から地上に返ってくるでしょう。それが地球の機械化に対する宇宙の反応なのです。

現代文明のある部分は、この恐るべき崩壊過程を目ざして進んでいるようです。けれども、もしも中部ヨーロッパがライオンの言葉に誘われたとしたら、今述べた危険は存在しないでしょうし、機械は次第にこの地上から消えて、文明は機械文明にならずにすむでしょう。けれども人間は季節の、さまざまな天候のいとなみの中に一面的にのめり込んでしまうでしょう。人間は季節の中にまき込まれて、特に呼吸のリズムと循環のリズムの相互作用の中で生きるしかなくなるでしょう。外的必然性のままに生きることしかできなくなるでしょう。その場合は、胸部が特に育成されるでしょうが、しかしそれによって、文明世界に利己主義が蔓延し、各人は自分のためだけに生きようとして、眼の前のしあわせしか望もうとしなくなるでしょう。そういう人には、中部ヨーロッパの文明が決定的に作用しているのです。

さらに、もしも鷲の呼び声が西方を誘惑したなら、そして鷲の思考方式や心構えを地球上に普及させつつ、自分もまた同じ思考方式や心構えだけを持つようになってしまったなら、地球紀の発端に存在していたような、超地上的な世界と直接結びつこうとする衝動が、人びとの中に生じるでしょう。人間が獲得した自由と独立を消し去ろうとする衝動が生じ、人びとは、神々を人間の筋肉や神経の中に生かそうとする無意識的な意志の中でのみ生きようとするでしょう。そして根源的、原始的な見霊状態に、地球紀の発端の状態に回帰して、地球から離れようとするでしょう。

「上を見るな。すべての働きは地球に由来する。地上の働きだけを知るがよい。そうすれば、地球の主人になれる。お前が地上で働いて得たものだけで十分なのだ。」草を喰む牛は、いつでもこのように語りかけます。見霊能力によって洞察すると、この語りかけによって、事態が更に決定的にされていくのが分かります。

もしも人間がこの呼び声に従ってしまうならば、地球文明の機械化という、すでに述べた危険を避けて通ることはできないでしょう。消化動物のアストラル部分は、眼前の事柄を持続させ、永遠化しようとします。ライオンの組織体は現在を持続させないで、現在を瞬間化しようとします。すべてを季節の戯れにし、すべてを気象状況と太陽の輝きの中に解消させようとするのです。

天空を飛翔する鷲を霊眼で考察するなら、鷲の翼が地球紀の発端の記憶を担っているかのように思えるでしょう。鷲はその翼の中に、上方から大地に働きかけた諸力を保持してきました。どの鷲にも、地球紀の長い歴史を認めることができるのです。けれども鷲自身は、大地の物質成分にあまり関わろうとはせず、せいぜい餌をとらえるくらいで、みずからの生の充実をそこに見ようとはしていません。鷲自身の生は、天空を飛翔することで充たされるのです。地上のいとなみには無関心で、喜び、楽しみを天空の中に見出し、地球そのものがまだ大地をもたぬ地球紀の始まりにおいて、まだ天上の働きに浸透されていたときの状態のままに生きようとしています。鷲は誇り高き動物なのです。液体状態から固体状態に濃縮していく地球の進化を共にしようとはせず、そこから離れて、地球紀の発端に存在した諸力と結ばれ続けようとしているのです。

以上が、この三大聖獣が私たちに伝える教えです。三大聖獣は、宇宙の謎を解明するために、宇宙に書き記された偉大な書物なのです。実際、基本的には宇宙のどの事物も、それを読むことさえできれば、文字なのです。宇宙の謎を理解するには、その文字の関連を読み解けばいいのです。

私たちが計器を使って測定し、秤で重さを量り、計算するときも、それによって断片にすぎなかったものを互いに関連づけますが、私たちが牛の生体の内なる精神性を理解するときには、その断片がひとつの全体になるのです。言い換えれば、宇宙の秘密を読み解くのです。宇宙の秘密を読み解くことは、宇宙と人間の存在理由を理解することです。そしてこれが現代の秘儀の叡智なのです。この叡智は、生活体験の深みから生じるのでなければなりません。

アフリカの寓話の意味

今日の人間が人間であり続けるのは、容易なことではありません。実際、人間は三大聖獣にくらべると、昨日の寓話に出てくる、殺された鹿のようです。どんな動物も、みな一面的であり、それぞれ独自の形態をとっています。ライオンはライオンであり続けますが、鷲と牛は、あの寓話では、ハイエナと狼になっています。鷲がハイエナになっています。ハイエナは死せるものによって生きています。つまり私たちの頭の中で生み出された、原子論的な食べ物で生きているのです。あの寓話は、鷲の代わりに、この腐肉を喰いつくすハイエナを取り上げ、牛の代わりに狼を取り上げているのですが、このことは黒人文化らしく、三聖獣がライオン、ハイエナ、狼になっているのです。そして事実、今日では、誘惑の呼び声が響くと、鷲は大地に降りてきて、ハイエナになるのです。そして牛は、もはや聖なる忍耐をもって宇宙を模像しようとはせず、貪欲な狼になるのです。

私たちはこうして、昨日お話しした黒人の寓話を私たちの近代語に翻訳することができます。昨日は黒人の観点に立ってお話ししました。ライオンと狼とハイエナが狩りに出かけて、鹿を殺しました。まずハイエナがそれと分けなければならなかったとき、ハイエナの論理に従って、三分の一をライオンに、三分の一を狼に、三分の一を私に、と言いました。そうしたら、ハイエナはライオンに喰い殺されてしまいました。そこでライオンが狼に、今度は君が分けてくれ、と言いますと、狼は、「はじめの三分の一は君が取りたまえ。君がハイエナを殺したのだから、ハイエナの分も君のものだ。次の三分の一も君のものだ。ハイエナが言うように、みんな三分の一は受けとれるのだから。最後の三分の一も君のものだ。だって君は動物の中でもっとも賢く、もっとも大胆なのだからね。」、と言ったのです。そこでライオンが狼に、「誰が君にそんな分け方を教えたのか」、と聞きますと、狼は、「こう教えてくれたのは、ハイエナだよ」、と言ったのです。

論理は狼の場合もハイエナの場合も同じでしたが、それを現実に適応する仕方が、ハイエナと、ハイエナの経験をふまえた狼とではまったく違ったのです。大切なのは、論理を現実に適応することなのだ、とこの寓話は教えています。

そこで、これを近代文明の言語に翻訳して、少し違った仕方で話してみましょう。文明の大きな歩みと結びつけると、こんな話が出来上ります。——鹿が殺されます。ハイエナはひっこんで、何も言おうとしません。ライオンを怒らせたくなかったからです。黙ったまま、様子をうかがっていますと、ライオンと狼が獲物の鹿をめぐって争いを始めます。そしてその争いはいつまでも続き、とうとう両者共に傷を負い、死んでしまいます。そうしたら、ハイエナが現れて、鹿と狼とライオンの腐肉を喰ってしまうのです。

ハイエナは、人間の知性をあらわしています。つまり人間本性の中の殺す働きをです。ハイエナは鷲文明の裏面であり、戯画なのです。

人間の声

どうぞ、古い黒人寓話のこのヨーロッパ化の意味を感じて下さい。今日は、こうした事柄が正しく理解されなければならないのです。鷲とライオンと牛の三重の呼び声に対して、人間がみずからの声を対置するときにのみ、こうした事柄が正しく理解されます。この声は、人間の思考作業のための合言葉なのです。

牛よ、
私は学ばねばならない、
お前の力が、
星々の開示する言語に由来することを。

大地の重たさ、計算や計量、牛の物質体の中にあるものを学ぶだけでなく、牛の生体からその中に体現されているものへ、おそるおそる眼差しを転じることを学ぶこと、眼差しを高みの方へ転じること、それができたなら、地上の機械文明を霊化することができるのです。
人間がみずからに向けなければならない第二の声は次の通りです。

ライオンよ、
私は学ばねばならない、
お前の力が、
日毎年毎に私に周囲から
働きかけてくる言語に由来することを。

どうぞ、「開示する」と「働きかける」という言葉に注意を向けて下さい。人間が学ばねばならない第三の声は次の通りです。

鷲よ、
お前の力は、
大地から芽を萌え出させる

言語に由来している。

このようにして人間は、みずからの三つの声を、一面的な三つの呼び声に対置しなければなりません。この三つの声の意味は、一面性を調和にもたらすことにあるのです。人間は牛に眼を向けることを学ばねばなりませんが、牛を根底から感じとったあとでは、牛から、星々の言語が開示するものへ眼を向けなければなりません。また、眼差しを鷲に向けることを学ばねばなりません。そして鷲の本性を根底から感じとったのちに、鷲の本性が与えてくれた眼で、地上に芽生えているもの、人体組織の中に下から作用してくるものを観ることを学ばなければなりません。

そして人間は、ライオンが開示するままにライオンを直観できなければなりません。ライオンのまわりで風が吹き、稲妻が光り、雷が鳴ります。そしてそれに人間もまき込まれます。人間が肉眼と霊眼とを共に働かせて、上と下を見、周囲を見、そしてまっすぐに東方へ向けられた肉眼と、まっすぐ西方へ向けられた霊眼とを働かせて、上と下、前と後、霊眼と肉眼を互いに結び合わせることができるなら、人間を力づける高みからの鷲の本当の呼び声を聴き、ライオンの呼び声を周辺から聴き、牛の呼び声を地中から聴きとることができるでしょう。

これこそ、人間が宇宙との関係について学ぶべき事柄なのです。人間はそうすることで、よりふさわしい仕方で、地球文明に働きかけることができ、その頽廃にではなく、その興隆に役立つのです。

私の存在をよく知るがよい。
お前の頭の中に
ひとつの宇宙を生み出す力、
私はその力をお前に授けよう。

鷲が西方でそのように語ります。

私の存在をよく知るがよい。
大気の輝きの中に
宇宙を実体化する力、
私はその力をお前に授けよう。

ライオンが中央でそのように語ります。

私の存在をよく知るがよい。
天秤、標尺、数を
宇宙から奪い取る力、

私はその力をお前に授けよう。
牛が東方でそのように語ります。

私は学ばなければならない。
牛よ、
お前の力が
星々の開示する言語に由来することを。

ライオンよ、
お前の力が
日毎年毎に周囲から
私に働きかけてくる言語に由来することを。

鷲よ、
お前の力は、
大地から芽を萌え出させる

言語に由来している。

第3講　人間と霊的存在（一九二三年十月二十一日）

物質成分と霊的成分

これまで一定の観点から、人間を宇宙に組み込む試みをしてきました。今日はこれまでに述べてきた事柄を互に関連づける考察をしてみようと思います。私たちはこの世で地上生活をいとなみ、物質素材に取り巻かれて暮らしております。この世の物質素材は、多様極まりない仕方で形成され、自然界の諸事物や人間形姿を生み出しています。地上のすべてのものは、地上の物質素材で作られているのです。そこで今日は、地球のさまざまな形態の根底に素材として働いているものを「地球の物質成分」と呼び、この物質成分の対極にある「霊的成分」との関係を考察しようと思います。「霊的成分」は、私たち自身の魂の根底にあるのですが、また宇宙の中の霊的形態の根底にもあります。霊的形態は物質形態と結びついて存在しています。

物質素材や物質成分のことだけを取り上げても、正しい結果は得られません。宇宙の全体像を考えるときに、考察しなければならない高次のヒエラルキア存在は、地上の物質成分をその体内にもっていません。まさに霊的成分だけをもっています。地上を眺めると、そこに物質成分が認められますが、地球外の存在を眺めるときには、そこに霊的成分が認められるのです。

現在の人びとは、霊的成分についてあまり知識がありませんから、地上にあって、物質界と同時に霊界にも属している人間のことも、まるで物質成分だけから成る存在であるかのように語ります。しかしそんなことはないのです。人間は、みずからの中に霊的成分と物質成分とを担っています。霊的成分と物質成分とを、こういう事実に注意を向けたことのない人がびっくりするような、独特の仕方で担っているのです。

人間に動作をうながすものや、内なる代謝活動をうながすものの主要成分は、物質成分ではありません。あとで詳しくお話しいたしますが、人間の低次の本性を考察するときにも、その根底に霊的成分を見るのでなければ、正しい考察はできません。図式的には、次のように言えるでしょう。

人間の下半身は、本来、霊的成分による構成体を示しています。そして頭部の方に移るに従って、ますます物質成分によって構成されています。頭は本質的に、物質成分から作られているのです。しかし脚部は、グロテスクに聞こえるかもしれませんが、本質的に、霊的成分から作られているのです。

成分と作用力

頭部の方へ移るに従って、霊的成分が物質成分に変ります。人間の頭部には、物質成分が特に含まれており、これに反して、足で大地を踏みしめたり、両手を広げたりするときは、霊的成分が見事な仕方で広がっています。霊的成分を手足の本質部分にすることが、まるで手足にとっての主要課題であるかのようなのです。手足の物質成分は、まるで霊的成分の中を泳いでいるようであり、一方頭は、物質成分による緊密な構造を示しています。

しかし人体の構造を考えるときには、成分を区別するだけではなく、作用力をも区別しなければなりません。作用力にも、霊的作用力と物質的作用力との二つが区別できます。

しかし作用力については、成分とは逆のことが言えます。肢体や代謝の成分は霊的でしたが、その場合の作用力、たとえば足にとっての重さは、物質的です。そして頭の成分は物質的でしたが、そこに働く作用力は霊的です。霊的な力が頭を貫いて働いています。一方、物質的な作用力は、肢体＝代謝系の霊的成分を貫いて働いています。人間の上半身である頭部や胸部の物質成分には、霊的な諸力が支配しています。呼吸には、もっとも低次の霊的作用力が働いています。そして下半身は、霊的成分によって構成されていますが、その中には物質的な作用力が働いているのです。

もちろんこういう問題を扱う際には、人間の在り方そのものとの関係を、はっきりさせておかなければなりません。人間は、頭部系の働きを生体全体に及ぼしていますから、上半身の物質成分に霊的作用力が働きかけている事情が、下半身にも影響を及ぼしています。物質的な作用力が働いている下半身の霊的成分もまた、上半身に影響を及ぼしています。人間の中の働きは、相互に浸透し合っているのです。とはいえ、上述したような仕方で、物質的と霊的とに分けて、成分と作用力とを考察するときにのみ、人間を正しく理解できるのです。

人間の外観にではなく、その内的本質に眼を向けますと、成分と作用力とのこの区分においては、どんな例外も生じえないことがわかります。

たとえば、人間の純粋に霊的な成分の中に物質成分が混入して、たとえば代謝系に混入した物質成分があまりに優勢になり、代謝系にあまりに多くの頭部の本性が浸透するようになりますと、疾病が生じます。特定の病状が現れるのです。ですから、霊的成分の中に浸透したこの物質成分をふたたび外へ排出することが、その場合の治療課題なのです。

消化系の霊的成分の中に物質の作用力が働いて、消化系の作用が頭部に伝えられますと、頭部の成分があまりにも、こういう言い方が許されるなら、あまりにも霊化してしまいます。そしてその結果、頭が病気になってしまい、物質の養分を十分に頭部に送り込まなければならなくなります。それによって、頭部の成分の霊化を妨げなければならないからです。

健康と疾病の関係を考える上で、頭部と消化系の区分が非常に大切なのですが、この区分を有効に役立たせるためには、外的な現象にとらわれずに、本質を問題にしなければなりません。けれどもこのことに関連して、まったく別の事柄も問題になります。

人間が私の述べたような在り方をしていることは、通常の心の状態においては、無意識に留まっています。しかし無意識の中では、こういう在り方をしています。だからこそ、一種の気分となって、それが現れてくるのですけれども、この問題を完全に意識化できるのは、霊的直観だけなのです。

私はこの霊的直観を、以下のように述べることしかできません。以上に述べた人間の秘密、つまり物質成分をもっとも必要とする身体器官が頭であり、頭のこの物質成分が霊的な作用力を存分に発揮できる機会を提供している、という人間の秘密を、秘儀の学によって知った者は、そしてまた、肢体＝代謝系の本質的な成分が霊的なものであり、その成分が重力、均衡力などの物質的な作用力を必要としているという人間の秘密を、霊的に洞察した者は、本来自分が人間として、地球に対して恐ろしいほどの罪を背負っている、と思わざるをえないのです。

人間——地球の債務者

なぜなら、人間は、人間であり続けるためには、一定の生存条件を充たさなければならないのですが、その一方では、この条件のために、地球の債務者であり続けなければならないからです。人間は地球から絶えず何かを奪い続けているのです。しかし、人間が地上存在であるために必要としている霊的成分は、本来は地球が必要としているものです。人間は本来、死に際して、それを地球に残していかなければならないのです。なぜなら地球は、みずからを更新するために、絶えず霊的成分を必要としているからです。ところが人間はそうすることができません。人間は死後も人間であり続けることをやめるわけにいかないのです。死後から新たな誕生までの間も、この霊的成分を担い続けなければなりません。もしもそうしなければ、死後の人間は、消えていかざるをえないのです。

人間は、自分の肢体＝代謝系の霊的成分を、死の門を超えて霊界へ持ち込むことによってのみ、死後もなお必要な変化を遂げることができるのです。自分が奪い取ったこの霊的成分を地球に返すならば、人間は未来において受肉することができなくなります。ですから債務者であり続けなければならないのです。地球が現在のような中期の過程を辿りつつある間、この事情はどうしても変わりません。地球紀の終わりになれば、事情は変わるでしょう。

愛する皆さん、霊眼をもって人生を見るときには、通常の人生から受けとる苦しみと悩み、幸せと喜びをもつだけではなく、宇宙的な悲しみと喜びをも体験するのです。秘儀に参入した人は、この宇宙的な悲しみから離れることができなくなります。自分が人間存在を維持するために、地球の債務者にならざるをえない、という事実を知ることによって、そうならざるをえないのです。宇宙に対して誠実であろうとするのなら、地球に返さなければならないはずのものを、私はどうしても返すことができずにいるのです。

同じことは、頭部の成分についても言えます。地上で生きている間は、霊的な作用力が頭部の物質成分の中で働くことによって、この頭部の成分は、地球から切り離されていなければなりません。人間は頭のための成分を、地球から奪い取らなければならず、しかも人間であるために、この頭の成分に、絶えず地球外の霊的な力を作用させなければなりません。そして人間が死ぬとき、地球にとって異質なものとなった頭部の物質成分を地上に残します。それを地球がまた受けとらなければならないというのは、地球にとっては非常に負担になることなのです。人間が死の門を通り、頭部の成分を地球に委ねるとき、すでに霊化されているこの頭部の成分は、地球生命体にとっては有害な働きをするものになっているのです。

本来、人間が死の門を通るとき、この成分をもって霊界へ赴くのが、地球に対してとるべき誠実な態度なのです。人間の頭の成分は、霊的な要素を含んでいるのですから、死後から新しい誕生までの間に通過する諸領域の中に、それを持ち込むべきなのですが、しかし人間には、そうすることができないのです。なぜなら、もしも人間がこの霊化された地上成分を持って霊界へ赴くならば、死後から新しい誕生までの霊的な進歩に敵対する働きを、絶えず生み出すことになってしまうからです。頭部の霊化された物質成分を持っていくなら、この上なく恐ろしいことが死後の人間に生じ、死後から新たな誕生までの間の霊的進化がまったく不可能になってしまうのです。

このように、人間は地球に対して二重の意味で債務者なのです。第一に、地球のおかげで受けとることができた成分を、地球にとって有毒なものにしたまま、自分の死骸と一緒に地球に残しておきます。そして第二に、本来残していかなければいけない筈のものを、持ち去るのです。その結果、地球の生命体は、非常に苦しまなければならないのです。

このように、霊視によって、非常に悲劇的な感情が人間の魂の上にのしかかってきます。けれども私たちが大きな進化の過程を鳥瞰し、地球の進化全体を見通すなら、木星紀、金星紀、ヴルカン星紀という人類進化の後期の諸段階において、この負債を清算することができる見通しを、もつこともできるでしょう。

人間を救済する三大聖獣

私たちは、地上に住み、地球の成分を自分の中に取り込みながら個々の地上の人生を生き通すことによって、自分自身のカルマを創り出すだけでなく、宇宙のカルマにも関与しているのです。ですから人間から他の自然へ眼を転じてみましょう。今述べた罪を背負わなければならない人間のカルマが、すでに今でも絶えず自然界の存在たちを通して清算されているのです。ここに生きていることのすばらしい秘密があるのです。この秘密は、それを全体として把握するならば、宇宙叡智そのものとなって現れるのです。

そこで人間から離れて、これまでいろいろと取り上げてきた、鷲を代表とする鳥の世界に眼を向けてみましょう。私たちは鷲を鳥の世界の代表として取り上げ、鷲を通して、鳥の世界全体の宇宙的関連を考察しました。ですからこれからも、もっぱら鷲の例にとどまろうと思います。

私は、鷲が本来、人間の頭に対応していること、人間の頭の中で思考内容を生み出す働きが、鷲の場合は翼を生じさせている、と申し上げました。本来、鷲の翼の中には、太陽の光に貫かれた空気の力が働いています。その光に貫かれた空気の力が、鷲の翼の中でほのかに輝いています。

さて、鷲に対しては、そのいろいろな悪しき性質を考察することもできますが、その宇宙的な生き方には、次のような注目すべき特徴が見出せるのです。いわば皮膚の外にある翼が形成されるとき、太陽の光に貫かれた空気によって形成されたものがすべてそこに留まり続けているのです。そのことは、鷲が死んだときはじめて、認められます。

鷲が死にますと、鷲が牛に比べて、どんなにいいかげんな消化活動をしていたかがはっきり分ります。牛は本当に消化しません。消化動物なのです。徹底的に消化しますが、鷲は他の鳥と同様に、いいかげんな仕方でしか消化活動をただ始めるだけなのです。鷲にとっては、消化することが生きることの本質なのではなく、翼を用いて活動することが重要なのです。他の鳥たちにとっても、この点は同様です。ですから羽根が非常に念入りに作られます。実際、鳥の羽根は、すばらしい構成体です。

鷲が地球からとってきた物質成分が、もっともあざやかな姿をとって、そこに現れています。物質成分が、上方の作用によって霊化されているのです。けれどもその成分は、鷲のものになってはいません。鷲は輪廻転生を求めていませんから、上方の霊的作用力が地上物質を翼の中でどのように霊化しようとも、鷲は平気なのです。その結果が霊界にどう作用しようと、鷲は気にかけません。

鷲が死んで、土に帰るとき、霊化された物質成分は霊界に移り、霊的成分に戻ります。

ここに私たちは私たちの頭と鷲との注目すべき親和関係を見ることができます。私たちのできないことを、鷲はやることができるのです。鷲は絶えず、霊的作用力で地球の物質成分を霊化し、そしてその霊化したものを地球から取り去ります。だからこそ、鷲の飛翔を眺めるとき、私たちは特別な思いを抱かざるをえないのです。

飛翔する鷲の姿は、不思議な印象を与えます。地球の成分によって作られているのに、鷲の姿は、地球よりも天空に結びついているような、地球とは異質な印象を与えます。一体、鷲は地球からどのような仕方で、成分を摂取しているのでしょうか。盗賊のようにです。鷲が地球から何かを手に入れるとき、地球の通常の法則に則っているわけではないのです。鷲は盗み取ります。たいていの鳥類がそうするように、物質を盗み取るのです。しかし鷲は、清算を済ませます。盗み取った物質を、上方の領域に働く霊の力で霊化させます。そして自分の死後、この盗み取り、そして霊化させた地球物質を、霊界へ持ち込むのです。

動物は、死んだあとも、生命活動をやめません。宇宙におけるその生命の意味を保ち続けます。鷲の物質体が飛翔するときのその姿は、鷲の実在の比喩を示しているだけなのです。鷲は、死後も飛び続けます。鷲の霊化された物質素材は、遠い彼方へ飛び、霊界の霊の素材とひとつになります。

このことが洞察できれば、宇宙のすばらしい秘密に気がつきます。そのときはじめて、地球上のさまざまな動物の形姿が、なぜこのような在り方をしているのかを悟るのです。どんな動物も、宇宙全体の中で、偉大な、途方もない存在意味をもっているのです。

ここで、動物のもう一方の極であるあのヒンズー教徒の崇める牛に眼を向けてみましょう。鷲が人間の頭によく似ているように、牛は人間の代謝系によく似ています。牛は消化動物です。そして奇妙に思えますが、消化動物は本来、霊的成分から成り立っています。物質成分はただそこで消化されて霊的成分の中に受容され、取り込まれるのです。このことを徹底させるために、牛の消化活動は、特に念入りに行われます。考え得る限りもっとも徹底した消化活動を行います。この点で、牛に匹敵しうる動物はありません。牛は動物であることに徹しており、いわば動物的自我性を宇宙から地上へ、地球の重力圏内へ持ち込むのです。

血の重さと全体重とが牛の場合のように見事な割合を示している動物は、他に見当たりません。重さは重力と結びついており、血は自己中心性と結びついています。動物は、自我と結びついておらず、人間だけが自我を持っているのですが、しかし動物も自己中心性、個別性とは結びついています。血はまた、動物を動物にします。少なくとも高等動物の場合にはです。徹底して動物であろうとするときには、血の重さと全体重との正しい割合はどうあるべきなのでしょうか。この宇宙的な問題に、牛は立派な解答を与えているのです。

黄道獣帯の意味

古代人が黄道十二宮を「獣帯」と呼んだのは、無意味なことではなかったのです。獣帯は十二に分れています、その存在全体が十二の部分に分かれています。宇宙から、宇宙のこの獣帯から来る作用力は、まさに動物形態をとってその働きを表現しています。けれども他の動物たちは、それほど厳密にその働きを受けているわけではありません。牛は体重の十二分の一の血の重さをもっています。牛における血の重さは、体重の十二分の一ですが、ロバの場合は二十三分の一であり、犬の場合は十分の一です。他の動物はすべて、他の割合を示しています。人間の血の重さは、体重の十三分の一です。

ですから、牛はその重さにおいて、動物の宇宙的な由来を、表現しようとしているのです。先回、先々回に、牛が物質的なものの中で、上なるものを実現しており、そのことは牛のアストラル体を見ると分かる、と繰り返して述べました。牛は、体重とみずからの内なる血の重さの割合を十二分の一にしている点で、宇宙的に生きています。牛においては凡てが、大地の力を霊的成分へ組み込むのです。牛においては、黄道獣帯の割合と同じ一対十二の割合で、自分の存在が、地球の重さに対応しています。牛にとって、地球上の重さの十二分の一が自分のためにあるのです。そして大地の力はすべて、霊的成分に捧げられているのです。

牛は牧場に寝そべりながら、その霊的成分に大地の物質を摂取、吸収させるのです。

牛が死にますと、牛の中のこの霊的成分は、牛の中の物質成分と共に、地球体の生命にとっての恵みとなるように、地球に受容されます。ですから牛は、真に犠牲獣なのです。なぜなら牛は、地球が必要としているもの、それなしでは地球が存続できず、硬化し、乾いてしまうであろうようなものを、絶えず地球に与え続けているのですから。牛は絶えることなく霊的成分を地球に提供し、地球を内的に活性化し、生命化しているのです。

牧場の牛を見、その一方で飛翔する鷲を見て、その著しい相違に注目して下さい。鷲は、地球にとって不用となった地上物質を――この霊化された物質を――、死後霊界の彼方へ担っていきます。牛は死にますと、天上の成分を地球に与えて、地球をよみがえらせます。鷲は地球がもはや用いることのできないものを霊界へ戻し、牛は地球のよみがえりのために必要な霊界の力を、地球の中へ持ち込みます。
ここで大切なのは、秘儀の学の教える内容を、感情によって深めることです。私たちは、秘儀の学の研究を通して、概念や理念しか受けとろうとせず、超感覚的なものについての概念や理念で頭を一杯にするだけです。他の人たちが感覚世界の概念や理念で頭を一杯にするようにです。しかし秘儀の学は、それを研究すればするほど、それまで夢にも思わなかったような感情を、魂の奥底から生じさせてくれます。その感情は、無意識的には、すべての人びとの中に存在しているのですが、この感情の力で、これまでとは異なる感じ方で、すべてのものを感じとれなければならないのです。

ですからここで、霊学、秘儀の学を生きいきと捉えるのに必要なひとつの感情についてお話ししようと思います。それは次のような感情です。――もしもこの世に人間だけしか存在しなかったとすれば、地球が必要としていること、正しいときに霊化された物質を地球から取り上げ、その代わりに霊の素材を地球に与えるということに、何も応えることができない。人間の生き方と地上の存在との間に、非常に、非常に辛い思いをさせる対立が存在している。

人間が地上で、本当に人間らしく生きようとすると、地球は、地球らしく存在することが不可能になってしまう。だから、私たちは非常に非常に辛い思いをさせられる。人間と地球は、互いに相手を必要としているのに、互いに支え合うことができない。自分が必要としているものを、相手は提供できず、相手の必要としているものを、自分は提供できない。

もしも人間以外の存在が地上にいなければ、人間と地球との生命関連は、維持できないのだ。しかし、人間が霊化された地球成分を霊界へ持っていけなくても、鳥たちがそれをやってくれる。そして霊的成分を地球に与えることが人間にできなくても、牛を代表とする反芻動物がそれをやってくれる。

皆さん、世界はこのようにして、ひとつの全体をなしているのです。人間だけを見ていますと、地球生命体の未来について不確かな感情しかもつことができません。人間を取り巻く環境世界のおかげで、私たちはふたたび確信が持てるようになるのです。

四大の霊たち

このことが納得できれば、ヒンズー教のような、霊性の高い宗教的世界観が、牛を崇拝するのを、あまり不思議なこととは思わなくなるでしょう。なぜなら、牛は、みずから宇宙からとってくる霊的成分を地球に提供することで、絶えず地球を霊化しているのですから。草を喰んでいる牛の群の下では、地球が喜びの声を上げているのです。その下では四大の霊たちが歓声を上げているのです。なぜなら、草を喰む牛たちがいることで、宇宙から養分を受けとることが約束されているのですから。

そして大気圏でも鷲のまわりを漂いながら、数千の四大の霊たちが歓声を上げています。このようなイメージを、本当に現実のものとして感じとれなければなりません。そうできれば、霊的な現実を身近に感じ、物質的なものをも霊的な現実との関連の下に見るようになるでしょう。鷲のオーラを通しては、大気の中の風の霊たち、火の霊たちの歓声が、響いているのです。

牛のオーラは、まったく宇宙的な性質をもっていますので、牛の地上の在りようと非常に矛盾しています。牛のオーラの中では、地上の四大霊たちの諸感覚が刺激されて、明るく輝いています。四大霊たちは、大地の闇の中では細々と生きていかなければなりませんが、そのときに失ってしまったものを、牛の中にふたたび見つけることができて、大喜びしているのです。牛のオーラは、この霊たちにとっての太陽なのです。大地の中に住む四大の霊たちは、物質としての太陽を享受することはできませんが、その代りに反芻動物たちのアストラル体を享受しているのです。

愛する皆さん、今日の自然誌とは異なる自然誌があるのです。今日の書物に記されている自然誌は、一体どんな結末を想定しているのでしょうか。

かつて私が書評したことのあるアルベルト・シュヴァイツァーのあの本（『文化哲学』第一部「文化の崩壊と再建」のこと）の続篇（その第二部「文化と倫理」一九二三年のこと）が、最近出版されました。私は現代の文化状態を論じたこの本をしばらく前に「ゲーテアヌム」誌上で書評しましたが、覚えていらっしゃるでしょうか。今度の続篇の私の書評した第一部には、少なくとも現代文化に欠けているものを認める洞察力がありましたが、この「まえがき」は悲しむべき内容を語っています。シュヴァイツァーは、根本において、知識は何ももたらしてはくれない、認識以外のところに世界観と倫理を見出さなければならない。そう自分は悟った、とそこに述べているのです。

認識の限界については、多くのことがこれまでも語られてきました。自然科学者たちも、ありとあらゆる観点から、このことを論じてきました。

シュヴァイツァーのような、非常にすぐれた思想家——実際、彼は非常にすぐれた思想家です——

の出した結論も、次のようなものなのです。――われわれが世界観と倫理を持とうとするなら、知識や認識から離れなければならない。知識も認識もわれわれには何も与えてはくれない。

今日出版され、公的に認められている知識と認識、科学とその諸成果は、シュヴァイツァーの言う通り、世界の意味を発見する方向に向かっていません。なぜなら、学者たちが見るような仕方で世界を見てみると、鷲が天空を飛翔することには、そこから家紋の鳥をデザインすること以外、何の意味も見出だせないからです。もちろん牛のミルクが飲めるのは、ありがたいことです。しかしそれは、物質存在としての人間にとって、物質上有益である、ということでしかありません。それが宇宙全体に意味づけを与えてくれる、というのではありません。

もちろん、もっと先へ進まなければ、世界の意味を問うところまではいきません。私たちは霊的な立場に立って、秘儀の学が語る世界の意味を知ろうとしなければなりません。あらゆる生命存在の中に、すばらしい秘密を見つけ出しながら、世界の意味を求めなければなりません。そしてその秘密は、死んでいく鷲や牛に関わる秘密です。その鷲と牛の間には、死んでいくライオンがいて、呼吸と血液循環の調和を通して、霊的成分と物質成分との均衡を計っています。ライオンの集合魂はまた、上方への経過と下方への経過とが共に正しく生じるためには、鷲がどれほど必要であり、牛がどれほど必要であるかを知り、そのために働いています。

このように、鷲、ライオン、牛という三つの動物は、ひとつのすばらしい本能的な叡智の所産なのです。これらの動物と人間との間には、親和性が感じとれます。なぜなら、人間は次のことを洞察できるからです。——鷲は、私が自分の頭によっては成就できない課題を、私の代わりに果してくれる。牛は、私が自分の代謝系、肢体系によっては成就できない課題を、私の代わりに果してくれる。ライオンは、私が自分の律動系によっては成就できない課題を、私の代わりに果してくれる。

こうして私と三つの動物とから、宇宙的な関連におけるひとつの全体が生じるのです。

こうして私たち人間と動物は、宇宙と共に生きています。私たちは、宇宙の中に深い親和性を感じます。私たちは、人間がその中に組み込まれ、それに取り巻かれ、衝き動かされているところの生命全体の働きが、本来どんなに賢明な働きであるかを認識します。

以上三回の講義を通して、三大聖獣と人間との関係を知ることが、私たちの生活に何をもたらしてくれるかを、概観できたと思います。

第二部　宇宙における現象と本質との内的関連

第4講　地球の進化（一九二三年十月二十六日）

宇宙における地球の進化

これまで地球、宇宙、動物界、およびそれらと人間との関連を考察してきましたが、これからの数日間も、この考察を続けようと思います。しかし今日は、あとで取り上げる諸領域への通路をつけようと思います。

すでに私の『神秘学概論』の中で述べたように、宇宙における地球の進化の考察は、土星紀から始めなければなりません。土星紀には、私たちの太陽系に属するすべてが、すでに含まれていました。現在の太陽系の諸惑星は、土星から月にいたるまで、太古の「土星」の中に存在していました。この太古の「土星」は、ご承知の通り、熱エーテルから成る存在でしたが、その中には諸惑星が融け込んでいたのです。まだ空気ほどの濃密さも持つにいたらぬ、熱エーテル状のこの「土星」は、後に独自の存在となる諸惑星のすべてを、融けた状態で含んでいました。

地球進化の第二段階は、地球の古「太陽」状態です。地球のこのメタモルフォーゼにおいては、土星紀の火の球体が空気の球体へと次第に作り上げられました。光に満たされ、光輝く空気の球体が作られたのです。

次いで現れたのが第三のメタモルフォーゼです。それは以前の諸状態が繰り返された後で、一方にはなお地球と月とを取り込む太陽部分があり、『神秘学概論』に述べられているように、その外周には、分離した土星も存在していました。

しかしこの月紀のメタモルフォーゼにおいては、太陽が地球と月の全体から分離します。しばしば述べましたように、今日の自然界はまだ存在していませんでした。月紀の大地は鉱物を含まず、その固体部分は、液状の地表が角質状の岩石に変わったのです。次いで、第四のメタモルフォーゼが生じて、現在の私たちの地球になりました。

進化の前半と後半

さて、この相前後する四つのメタモルフォーゼ、つまり土星紀（後に私たちの太陽系に属するすべてはすでにその中に融け込んでいました）、太陽紀、月紀および地球紀は、二つに大別されます。

土星紀が太陽紀に移行したとき、空気状の成分を生じさせました。進化は火の球体に始まりますが、その火の球体が変容を遂げて、空気の球体にまで濃縮しますと、光に貫かれて、輝きを発するのです。これが進化の第一部です。

次いで、月紀に始まる進化過程に移ります。月紀の役割りは、角質の岩石を形成することでした。この月紀の役割りは、地球紀の過程では、月を地球から分離させ、月紀の内なる作用力を地球に託します。例えば重力の物理作用は、月紀の遺産なのです。月紀の含有物があとに残されなかったなら、地球が重力を生じさせることはなかったでしょう。

月は、地球から分離しました。月は、最近お話ししたように、宇宙空間に浮かぶ植民地です。月は地球とはまったく異なる成分をもっていますが、地球の中に、広義での「地磁気」を残しました。地球の作用力、特に重力は、月が残していったものなのです。土星紀と太陽紀の状態をひとつにまとめれば、本質的に熱と光のメタモルフォーゼです。一方月紀と地球紀には水のメタモルフォーゼがあります。水の成分は月紀のメタモルフォーゼの期間に形成され、地球紀のメタモルフォーゼの期間にも存続します。固体は重力によって呼び出されたのです。

この前後二つに大別されたメタモルフォーゼは、相互にかなり異なっています。そして、前に存在したすべては、後のものの中にも含まれて存在しています。土星紀という古い火の球体は、熱成分となって、その後のすべてのメタモルフォーゼの中で存続します。現在の私たちが地球のいたるところで出会う熱は、すべて、土星紀の残りなのです。

空気その他、どんな気体のあるところにも、太陽紀の進化の名残りが見られます。太陽の光に満たされている空気の中に、私たちは、古い太陽紀の進化の残りを見出だすのです。この太陽紀の進化が現在も存在していなかったなら、私たちが下界に見る空気と太陽光線との親和関係は存在しなかったでしょう。太陽は、かつて地球とひとつになっており、太陽の光が、まだ空気状だった地球の中で輝き、その空気の球体の内なる光を宇宙空間へ放射していたことによって、そのことによってのみ、その後の地球紀において、地球が大気圏に取り巻かれ、外から射してくる太陽光線を受けとることが可能となったのです。

この太陽光線は、地球の大気と深い内的な親和関係をもっています。太陽光線は、今日の物理学者が大雑把に語るようなものではないのです。それは決して無数の微小な弾丸がガス状の大気を貫いて飛んでくるようなものなのではなく、大気と深い内的な親和力をもっているのです。そしてこの親和力はまさに、太陽紀での共存の後続作用なのです。

以前の状態が後の状態の中に、多様な仕方で働きかけています。その結果すべてが互に親和し合うようになります。先ほど、『神秘学概論』で述べたことを簡単に要約したのですが、このような過程を通して、地球は、その表面も、その周囲も、その内部も、すべてが現在の状態にまで進化を遂げてきたのです。

現在の地球

現在の地球の内部には、固体物質を生じさせている内なる月があり、それが地磁気に連係しています。この内部の月が、液体を固体に変える重力を生じさせているのです。本来の地球領域である液体部分は、多様きわまりない仕方で、例えば地下水として、または蒸気となって上昇したり、雨となって下降したりする水として、存在しています。更に大気圏の気体部分は、古土星紀の残りである火の要素に浸透されています。ですから現在の地球においても、その上部には、太陽＝土星紀または土星＝太陽紀が存在するのです。光に満たされた熱＝空気はすべて、土星＝太陽紀なのです。上方に眼を向けると、私たちの空気の隅ずみまでが土星紀、太陽紀の働きを受けているのが分かります。こうして太陽紀の余波として、現在の大気圏が次第に生じたのです。

眼を大地へ向けると、月紀と地球紀に生じたものの結果を知ることができます。そこには、重いもの、固いもの、より正しく言えば、重さを生じさせるもの、固体化するものが存在しています。そこはまた、液体という、月紀＝地球紀の所産も存在しています。宇宙進化の相前後するこの二つの部分は、厳密に区別できます。

『神秘学概論』をこの観点からもう一度読んでみると、太陽紀から月紀への移行のところで、ひとつの深い切れ目が生じているのを、その文体を通しても読みとることができます。そして現在においても、上方の土星紀的なものと、下方の地上的＝月紀的＝液体的なものとの間には、一種の鋭いコントラストが存在しています。そのように、土星紀的＝太陽紀的＝空気的なものと、月紀的＝地球紀的＝液体的なものとをはっきり区別することができ、その一方は上方に、他方は下方に存在しているのです。

地上の存在が、土星紀以来の進化のすべてに関わってきたことを、霊的に知ろうとすることなら、私たちの眼を、まず昆虫界の多様性に向けなければなりません。感情を通してでも、羽ばたき、きらめく昆虫たちが、上方の土星紀的＝太陽紀的＝空気的なものと関係があると思えます。実際、蝶は、光に満たされた空気の中を、きらめく色をもって飛びまわります。蝶は空気の波に乗って飛びますが、月紀的＝液体的なものに関わることは、あまりありません。蝶の世界は上方に属しているのです。

昆虫の進化は、意外なことに地球進化の非常に初期の時代に始まりました。光に満たされた空気の中できらめく蝶の羽根は、土星紀にその最初の素質が作られ、太陽紀に更に進化を遂げたのです。現在の蝶が、光と空気の産物であるのは、その進化期に可能となったことなのです。太陽が光を四方に放射するのは、太陽自身の働きですが、みずからの光を諸存在の中で火の働きにし、微光をはなつ働きにするのは、土星と木星と火星の力のおかげです。

蝶の本性は、地上にそれを求める人には理解できません。蝶の本性の働きは、上方の太陽、火星、木星、土星に求めなければなりません。私は前に、蝶を人間との関連において、記憶の宇宙的な実体化である、と述べたことがありますが、蝶のすばらしい本性を更にくわしく見てみますと、蝶は地上高く、光の中できらめき、空気に乗って飛び廻り、そして卵を産みつけます。唯物的に考える人は、蝶が卵を産みつける、と言いますが、一体蝶が卵を産みつけるとき、何にその卵を託すのでしょうか。

蝶は、太陽の働きが妨げられないところに、卵を産みつけるのです。地球への太陽の影響は、太陽が直接照りつけるところだけにあるのではありません。すでに何度もお話ししたように、農家では、じゃがいもを冬の間地中に埋めて、土で覆います。夏の間の太陽の光と熱は、冬の間、地中に保たれているからです。じゃがいもを地上においておくと、凍ってしまいます。地中に埋めて、土をかぶせておけば、凍りません。太陽の働きが冬の間も大地の中で保たれているからです。十二月の大地の深いところに、七月の太陽の働きが保たれているのです。七月の太陽が光と熱を地上に送りますと、その光と熱が次第に大地に浸透して、十二月には地下に貯えられるのです。ですから、じゃがいもは、地下の七月の太陽の中に埋められるのです。太陽は、唯物的な知性の認めるところだけに存在するのではなく、季節の法則に従って、多くの場所に存在するのです。

蝶は、太陽の働きの及ばないところに卵を産みつけることは、決してしません。ですから蝶は、地球の領域に卵を産みつけるのではなく、太陽の領域に産みつけるのです。決して、蝶が地球にまで降りてくることはありません。太陽が存在する地上に卵を産みつけます。蝶の卵は、常に太陽の影響の下にあるのです。地球の影響の下には決して置かれません。

蝶の卵から幼虫が孵化するとき、太陽の影響の下にとどまり続けますが、別の影響も受けます。卵が幼虫に孵化するには、火星の影響もなければならないのです。

ここに地球があるとしますと（図3参照）、火星はそれを取り巻いて、火星の流れを上方のいたるところに作り出し、そしてそれを保ちます。どこに火星が位置しているかが問題なのではなく、火星

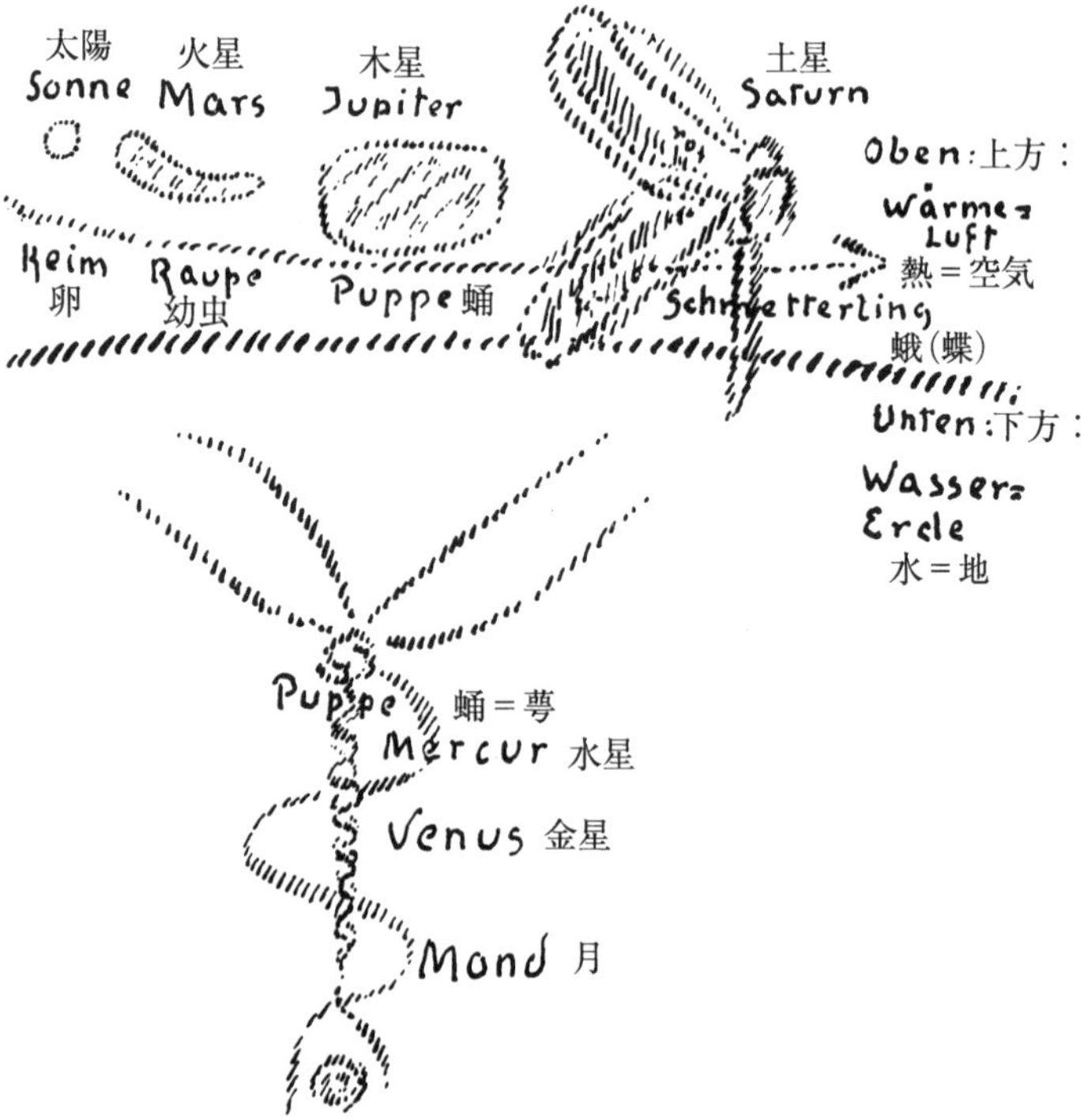
太陽
Sonne
火星
Mars
木星
Jupiter
土星
Saturn
Oben:上方：
Wärme=
Luft
熱＝空気
Keim
卵
Raupe
幼虫
Puppe 蛹
Schmetterling
蛾（蝶）
Unten:下方：
Wasser=
Erde
水＝地
Puppe 蛹＝蕚
Mercur 水星
Venus 金星
Mond 月

図3

の作用圏全体が問題なのです。幼虫は火星のその作用圏の中で孵化するのです。

蛾の幼虫は蛹になり、そして自分の周りに繭を作ります。すでにお話ししたように、幼虫は太陽に帰依し、糸を作り出しますが、その糸は光線の方向にそって作り出されます。幼虫は光にさらされ、光線に従い、糸を作り、暗いときには中断し、そしてまた作り続けます。その糸は本来、物質化した宇宙的な太陽光なのです。ですから、たとえば私たちの着物に用いられる絹糸は、まったくの太陽光なのであり、太陽光が蚕の物質の中に紡ぎ出されたものなのです。蚕はみずからのからだの成分を太陽光線の方向に向けて紡ぎ出し、それによってみずからの周りに繭を作ります。しかしそれを可能にするには、木星の作用が必要です。太陽光線が木星の作用によって、変化されなければならないのです。

繭から、蛹から這い出る蝶の羽根は、光に担われ、光を受けて輝きます。ドルイド教との関連でお話しした「環状列石」の中のように、光がわずかに射し込む暗い部屋から、蝶は出てきます。そのときの太陽は、土星の作用と結びつきます。太陽が光を空気の中に送り、蝶が空気の中でさまざまな色を輝かせるようにするには、太陽の働きが土星の働きと結びつく必要があるのです。

ですから、蝶たちの飛び交うあのすばらしい海（果てしない群れ）を大気の中に見るとき、そこに見るものが地球の所産であるとはどうしても思えません。それは上から降りてきたものであり、地上で生まれたのではないのです。蝶が卵を産む場所は、地上の太陽の光のとどくところであり、それより深いところではありません。

宇宙が地球に蝶の海を贈ったのです。土星が蝶に色彩を賦与し、太陽が飛翔する力を与えたのです。その飛翔する力は光の担う力のおかげなのです。

ですから、蝶という小さな生きものは、太陽と外惑星によって地上に撒かれたかのように存在しています。蝶やとんぼなどの昆虫たちは、土星、木星、火星、太陽の贈りものなのです。もしも外惑星が太陽と一緒に、昆虫という贈りものを地球にもたらさなかったなら、どんな虫も、のみ一匹でさえ、地球から生じることはなかったでしょう。実際、土星、木星などは気前よく、昆虫の世界を地球へ送り込んできたのです。それは地球進化の最初の二つの変容期（土星紀と太陽紀）のことでした。

そして最後の二つの変容期（月紀と地球紀）の場合について言えば、月紀の初めの頃の蝶たちは、まだ現在のようではなく、地球は太陽に依存していませんでした。第三変容期（月紀）の初めの頃の太陽は、まだ地球と合体していました。分離したのはその後のことです。ですから蝶も、まだそれ程もろい存在ではなく、卵を地球に委ねる必要もなかったのです。蝶が卵を地球に委ねたとき、同時にそれを太陽にも委ねました。そしてそこからひとつの分化過程が生じました。この最初の両変容期においては、昆虫界の祖先たちだけが存在していました。その当時、宇宙に、つまり外惑星と太陽とに委ねるということは、地球に委ねるということと同じでした。地球が濃縮化し、水が生じ、月の磁気が生じたとき、事情が変化がし、分化過程が生じたのです。

図を見て下さい。このすべては上部に属しています。熱＝空気の領域にです。下部の水＝大地の領域では、地球に委ねられる運命をもった卵（胚）たちがいますが、このものたちは、上部に引き留められて、地球ではなく、地球の太陽だけに委ねられました。

第三変容期である月紀が始まった頃、地球に委ねられたこの卵（胚）たちは、水（液体）からなる月＝地球の働きの影響下にありました。一方昆虫の卵（胚）たちは、もっぱら太陽と外惑星の影響下にありました。前者の卵（胚）たちは、大地＝水の働きを受けて、植物の胚になりました。そして上部に留まっていた卵（胚）たちは、昆虫の卵（胚）であり続けました。

昆虫と植物

第三変容期（月紀）が始まった当時、太陽存在から月＝地球存在への変化を通じて、植物の胚が生じました。地球外の宇宙の影響下にあった蛾たちの卵、幼虫、蛹、成虫という進化の過程がある一方で、種が大地に属することで、その種から、蛾ではなく、植物の根が生じます。一方では幼虫が、火星の影響の下に這い出るのですが、他方では渦巻き状に延び拡がる葉が生じるのです。葉は地球の影響下にある幼虫なのです。這う幼虫は上部にあって、下部の植物の葉に対応しています。植物の葉は、太陽領域から地球領域へ移された種を通して生じた根から変容して現れたのです。

葉からさらに上方へ向かいますと、萼になるまで、ますます収縮していきますが、この萼は、蛹なのです。そして最後に、上なる空中で蝶が羽根をひろげるのと同じように、色美しい花が花びらをひろげます。ここで円環が閉じられます。蝶が卵を産むように、花の中で未来のための種が生じます。空中の蝶は、空中にまで引き上げられた植物です。太陽と外惑星の影響下にいる、卵から成虫までの蝶は、下の領域の、地球の影響下にある植物と同じものなのです。植物が葉になるとき（図3参照）、地球は、月と金星と水星の影響を受けています。そして地球の影響にふたたび戻ります。種は地球の影響なのです。

次の二つの言葉は、自然の大きな秘密をあらわしています。

植物を見るがいい。
それは地球に縛られた
蝶の姿に他ならない。

蝶を見るがいい。
それは宇宙が解き放つ
植物の姿に他ならない。

植物は、大地に束縛された蝶なのです。蝶は宇宙によって大地から解放された植物なのです。蝶を、昆虫一般を、卵から飛び回る成虫たちにいたるまで、眺めて下さい。それは空中に引き上げられ、宇宙によって空気中に形成された植物です。植物を見て下さい。それは下方に拘束された蝶です。卵は種となって大地に播かれ、幼虫は葉の形成に変容し、蛹は収縮して萼に変容します。そして飛び立つ蝶が植物の花に変ります。蝶や昆虫一般と植物界との間に親密な関係が存在するのは、決して不思議なことではありません。なぜなら、昆虫や蝶の根底に存するあの霊的本性たちは、こう語っているに違いないからです。――「この下のところに、われわれの仲間がいる。われわれはこれらと結びつき、その汁を味わい、交わりを深めなければならない。それらは兄弟なのだから。地球にみずからを委ね、地球に拘束されて別な存在となった兄弟なのだから」。

同様に、植物に魂を吹き込む霊たちは、蝶を見て、こう語るでしょう。――「これは地球の植物の天なる兄弟たちだ」。

宇宙の理解は、抽象的な思考作業によっては得られません。宇宙は、最高の芸術家であり、宇宙の形成作用は、深い意味で芸術家の感性を満足させる法則に従っているのです。ですから、抽象的な思考内容を芸術家の感性によって変容することなしに、大地にみずからを委ねた蝶を理解することはできません。光と宇宙の形成作用によって空中へ引き上げられた植物の花を、蝶であると理解するためには、抽象的な思考作業と芸術的な形成作業とを一致させなければなりません。自然存在相互の深い内的な親和関係を学ぶことは、常に心を高揚させてくれます。

植物にとまっている昆虫だけでなく、花の上のアストラル的な働きにも眼を向けてください。植物は大地から出てこようと努めています。植物の天上へのあこがれが、美しい花の色の輝きの上でアストラル的に働いているのです。植物だけでは、このあこがれを満足させることができません。そこで宇宙から蝶がやってきて、植物に働きかけます。蝶を見ると、植物は自分の願いが満たされるのを感じます。植物のあこがれは、昆虫、特に蝶に触れることで満足されるのです。これは地球環境におけるあのすばらしい結びつきの一例です。花の色があこがれをあらわし、その色を宇宙空間へ向けて輝かせるとき、輝く色をもった蝶が花に向かって飛んできます。そうすると、花のあこがれが充足されるのです。熱となって放射されるあこがれと、天上から輝いてくる充足、これが花の世界と蝶の世界との交わりなのです。私たちはこのことを、地球の環境の中に見なければなりません。

さて、考察が植物の世界に移ってきましたので、人間から動物へ及んだこれまでの諸考察を、更に発展させる用意ができたと思います。人間と、植物界を含む地球全体との関係に、これから眼を向けようと思います。しかしそのためにこそ、空中の羽ばたく植物である蝶から、大地に拘束された蝶である植物へ、いわば橋をかける作業が必要だったのです。大地の植物は、じっと座っている蝶です。蝶は、飛翔する植物です。大地に拘束された植物と天上に解き放たれた蝶とのこの関連が認識できたなら、動物界と植物界との間に橋をかけたことになります。

そしてそのときには、生命の起源その他のあらゆる俗物的見解に、心を乱されずに向き合うことができるでしょう。生命の起源というような散文的な概念では、宇宙の領界に深く参入することはできません。散文的な概念を芸術的な概念に変えなければなりません。天上に由来する蝶の卵は、太陽に委ねられます。その蝶の卵は変容を遂げます。以前は太陽にのみ委ねられていましたが、今は地球に委ねられています。そうすると、植物が生じるのです。このことを知ったときにこそ、宇宙に深く参入できるのです。

第5講　蝶、鳥、こうもりの霊性（一九二三年十月二十七日）

物質成分と霊的成分

今回の連続講義では、宇宙の内的な関連を取り上げました。外的な現象世界だけに眼を向けていたのでは、夢にも思えないような事柄を、いくつも取り上げましたが、基本的にはどんな本質存在も、宇宙全体の中で生きるための独自の使命を持っています。そこで今日はもう一度、これまでのことを思い出しながら、すでに述べた蛾や蝶のような鱗翅類のことを考えようと思います。

私は植物存在と鱗翅類とを対極として捉えました。蝶や蛾は、光、と言っても、火星、木星、土星という外惑星の働きによって変化させられた光に属している存在である、と申し上げました。蝶や蛾を理解するには、宇宙の高次の諸領域が地球に蝶や蛾を贈ってくれたのだ、と思わなければならないのです。

とはいえ、地球の受けた恩恵には、もっとはるかに深いものがあります。すでに述べたように、蝶も蛾も、地上世界には直接関わっていません。太陽の熱と光が地上に働いている限りにおいて、間接的に関わっているだけです。実際、蝶や蛾は、太陽の作用の及ばぬところには産卵しません。卵を大地にではなく、太陽に委ねているのです。その卵から、火星の影響の下に、蛹が生じます。蛹からは蝶や蛾が這い出てきて、美しい色彩をきらめかせながら、土星の作用と結びついた日の光を、地球の環境に提供します。ですから鱗翅類の多様な色彩の中に、土星の働きが直接あらわれているのです。

けれども、宇宙のいとなみを考察するには、二種類の成分を区別できなければなりません。物質成分と霊的成分とです。すでにお話ししたように、人間の代謝＝肢体系には霊的な成分がその根底に働いており、頭部系の根底には物質成分が働いています。人間の低次の本性（代謝＝肢体系）の中の霊的な成分には、物質作用、重力作用その他の地上的な作用が浸透していき、頭部においては、新陳代謝、循環、神経活動などによって送り込まれた地上成分に、私たちの思考活動、意識活動の中に映し出される超感覚的な霊的作用が浸透していきます。ですから人間の頭部には、霊化された物質成分があり、代謝＝肢体系には、地上化された霊的成分があるのです。

蝶の霊性

さて、特に蝶や蛾の中には、この霊化された物質が存在しています。鱗翅類は、太陽の領域に留まりながら、地上の物質を手に入れます。この上なく精妙な粉末状の物質をです。蝶や蛾は、地上の物質をこの上なく精妙な粉末状の成分から摂取します。そしてまた、養分をも太陽の作用を十分に受けた地上成分から摂取します。太陽の作用を十分に受けたものだけを取り込むのです。すべての地上的存在から、そのもっとも精妙な成分だけを養分にして、そしてそれを完全に霊化するのです。実際、多彩に輝く鱗翅類の羽根を見ると、この上なく見事に霊化された地上の物質を目のあたりにしている、と思わされます。

そもそも鱗翅類は、霊化された物質の中に生きる生きものなのです。霊的に見るなら、その羽根の中央にあるからだの部分は、軽視してもかまいません。蝶や蛾の集合魂のすべては、羽根の色彩を楽しんでいるのですから。

蝶のきらめく色彩もすばらしいのですが、この色彩を喜びながら羽ばたく様子もすばらしいのです。霊性への喜び、空中に飛翔する喜び、色彩への喜び、それは子どもたちにも大切に育てたい事柄です。

しかしこういうすべての事柄の根底には、それとは別の何かが存在しています。

すでに述べたように、鳥、特にその代表と見なされる鷲は、死に際して、霊化された地球成分を霊界へ持ち込みます。鷲はこの点で、宇宙存在としての使命を果たしています。鳥は、地球の物質を霊化するだけでなく、人間のなしえないことをしているのです。人間は頭の地球物質をある程度は霊化しますが、しかしこの地球物質を、死から新しい誕生までの世界の中に持ち込むことができません。

なぜなら、自分の頭が霊化した地球物質を霊界の中に持ち込もうとしたら、人間の魂は耐えがたいほ

79 第5講 蝶、鳥、こうもりの霊性

どの苦痛を受けなければならないでしょうから。

鷲を代表とする鳥の世界は、地上のものと地球外のものとの関連をつけます。地上の物質をゆっくりと霊界に移し、鳥たちは、この霊化された地上の物質を、宇宙に委ねます。地球がその存在を終わらせるときには、地球の物質は霊化されている筈ですが、鳥たちは、地球物質を霊化して、それを霊界に持ち帰る活動を、早くも開始しているのです。

蝶や蛾は、鳥よりももっと地上の物質を霊化します。鳥は、蝶や蛾よりもはるかに地球に近い存在なのです。そのことはあとで述べますが、蝶や蛾は、太陽の領域から離れていませんから、鳥のように死に際してではなく、すでに生きている間に、物質を霊化し、いつでも地球外の宇宙にそれを委ねることができるようにしています。

考えて下さい。宇宙の経営全体から見ても、地球はなんという偉大な存在でしょう。そこでは、蝶たちが多様極まる仕方で飛び廻り、宇宙空間の中へ霊化された地球の物質を流し込んでいるのです。地球の大気圏という蝶の世界を、こういう認識を通して、まったく別の感情で考察してみて下さい。

私たちは蝶の飛び廻る世界を眺め、「君たち飛翔するものたちよ。君たちは太陽の光よりももっと霊化された光を、宇宙の中へ放射している」、と思わず言わずにはいられないのです。

現代の科学は、霊的なものをあまり問題にしませんから、宇宙経営に属するこうした事柄を顧慮することは、まずありません。しかし物質作用と同じように、霊的作用も現実に存在しています。それどころか、物質作用よりも更に本質的な仕方で存在しています。霊界へ放射される働きは、地球が破滅したずっとあとになっても、働きを続けるのです。今日の物理＝化学の扱う事柄は、地球が存在をやめれば、それでおわりです。しかし、宇宙の遠いどこかで、誰かが地球を長い間観察し続けていたとすれば、霊化された物質が霊界へ持続的に放射され、地球みずからの本質が宇宙空間へ送り出されているのが見えるでしょう。飛び散る火花のように、絶えず輝き出る火花のように、鳥たちが死後輝かせるものが、大宇宙の中へ光線のように流れ込んでいるのです。それは蝶や蛾の輝きであり、鳥たちのきらめきです。

私たちが地上から他の恒星界へ眼を向けるときも、分光器の示すもの、天文学者が分光器の中で思い込んでいるものだけがそこから輝き出ている、と思ってはいけないのです。他の恒星界から地球に輝いてくるものは、丁度地球から宇宙空間へ放射されるものが生命存在の成果であるのと同じように、他の諸世界における生命存在の成果なのだからです。

私たちが星を見るとき、天文学者と同じように、燃える非有機的な焰のようなものを想像します。もちろん、それはとんでもない間違いです。そこに見えているものは、生きているもの、霊的なもの、魂的なものの成果なのです。

鳥の霊性

さて、地球を取り巻く鱗翅類の活動地帯から、もう一度鳥たちへ眼を移しましょう。御存知の通り、地上には互いに接し合う地と水と空気という三つの領域があり、そしてその上にも別の諸領域があり、その下にも別の諸領域があります。私たちは光エーテル、熱エーテルを持っています。熱エーテルは本来二つの部分、二つの層から成ります。そのひとつは、地上の熱の層であり、もうひとつは宇宙の熱の層で、その両方が互いに働き合っています。実際、熱には二つの種類があります。大地に発する地上の熱と宇宙経由の熱（熱エーテル）とです。この熱エーテルに接して、風があり、更に水と地があります。そして上方には光エーテル、化学エーテル、生命エーテルがあります。

鱗翅類は主に光エーテルに属しており、光エーテル自身の中で、光の力が蝶や蛾の卵から幼虫を誘い出します。幼虫が這い出てくるようにしむけるのは、本質的に光の力なのです。

鳥の場合は、そうではありません。鳥の卵は、熱によって孵化されます。蝶類の卵は、もっぱら太陽の光に委ねられ、鳥類の卵は、熱領域に置かれているのです。鳥は熱エーテルの領域にあって、空中を飛翔するのです。

蝶や蛾も空中を飛び廻りますが、基本的に光の所産です。空気が光に充たされるとき、この光＝空気の領域の中で、空気を生きるのではなく、光を生きるのです。空気は担い手にすぎません。空気は蝶たちがその上を泳ぎ廻る波なのです。蝶にとって本質的なのは、光の要素だけです。

鳥は空中を飛翔しますが、その本来の要素は、空気中のさまざまな熱の度合いなのです。鳥は空気の中に留まっているだけではないのです。たしかに内的にも空気の存在なのですが、高度の意味で空気の存在なのです。どうぞ、哺乳類の骨を、人間の骨を見て下さい。それらは髄で充たされています。しかし鳥の骨は空洞で、空気で充たされています。髄の代わりに、空気だけがあるのです。

鳥の肺を見ますと、その中に数多くの袋があり、そこにも空気がこもっています。いわば空気袋です。鳥が息を吸いますと、肺の中に空気を送り込むだけでなく、この空気袋にも空気を送り込みます。そして空気は空気袋から更に空洞の骨の中へ入り込みます。ですから、鳥から肉と羽根を取り除き、骨を取り去るとしたら、空気から成る動物をそこに見出すでしょう。この空気動物の形態は、肺の中の空気と骨の中の空気とから成り立っているのです。肉や骨においても空気から成る鷲が生きているのです。

鳥は呼吸しますと、それによって熱が生じます。鳥はこの熱を、肢体のすべてに充満している空気に伝えます。すると外界の熱とは異なる熱が生じます。鳥の内では、外と違った熱が生じるのです。そしてこの熱の違いの中で、鳥の本来の生命活動が行われているのです。

もしも鳥たちに、そのからだのことを聞くことができたとすれば、鳥たちは自分の固い部分のことを、まるで左右の手にも、背にも、頭にも荷物を負わされているようだ、と語るでしょう。鳥が言葉を知っていれば、きっとそう語ったでしょう。私たちも、右の手や左の手で持っているカバンを、自分のからだだとは言いません。

私たちが、手に持っているカバンを自分のからだだと言わず、ただ担っているだけだと言うように、鳥は自分が温めた空気だけを自分のからだだと言い、その他のものは、地上生活のために担っている荷物なのだと言うのです。本来の鳥のからだである空気体を包み込んでいる骨は、鳥の荷物なのです。ですから基本的に、鳥は熱の要素の中で生き、蝶や蛾は光の要素の中で生きています。蝶や蛾にとっ

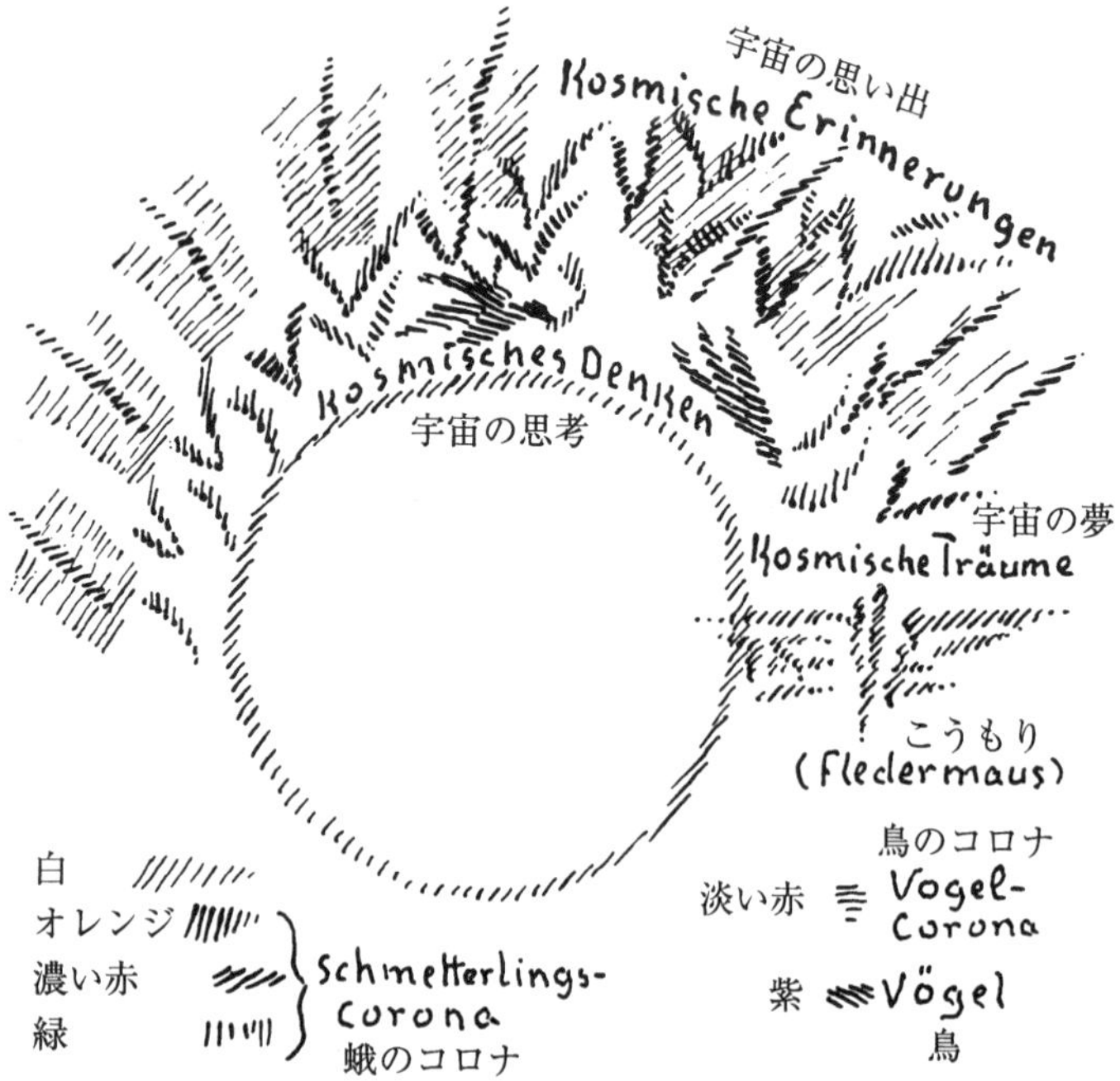
宇宙の思い出
Kosmische Erinnerungen
Kosmisches Denken
宇宙の思考
宇宙の夢
Kosmische Träume
こうもり
(Fledermaus)
鳥のコロナ
淡い赤
Vogel-Corona
紫
Vögel
鳥
白
オレンジ
濃い赤
緑
Schmetterlings-Corona
蛾のコロナ

図4

て、みずからが霊化する物質成分はすべて、その霊化する以前には、本来荷物どころではなく、家の家具調度のようなもので、からだから離れたところに存在していたのです。

ですから、これらの動物の領域に参入すると、物質的な仕方ではまったく評価できないところに行きつくのです。もしもあえて物質的な仕方で評価しようとすると、それはまるで人物を絵に描くのに、頭の上の帽子が髪の毛から織り成されているように、カバンと手がひとつになっているように、背中からリュックサックが生えているように描くのと同じことになってしまいます。人間をそのように描くとすれば、それは唯物論者が鳥について抱いている観念にふさわしいと言えるでしょう。その観念は鳥の観念なのではなく、鳥のカバンの観念なのです。鳥は本来、重いカバンを引きずっているように自分を感じているのです。鳥がもっとも欲しているのは、何にも煩わされずに、熱のある空気動物として、世界中を飛びまわることなのです。それ以外のことは、鳥にとっては荷物なのです。しかし、鳥が死にますと、この荷物を霊化して、霊界へ送り込み、そうすることで鳥は、宇宙存在に供犠を捧げるのです。そして蝶や蛾は、すでに生きている間に、そうしているのです。

鳥は、以上のような仕方で空気を呼吸し、空気を利用していますが、蝶や蛾は、鳥のように呼吸するのではなく、管を通して呼吸しているだけです。その管は外皮から内へ通じています。ややふくらんでいますから、飛んでいるときに空気をためておくことができ、常に呼吸を続けなくてもいいのです。内へ通じる管を通して呼吸し、その呼吸を通して、吸い込む空気とともに、空気の中の光をも同時に全身に取り込むのです。呼吸の場合にも、両者の間に大きな相違が見られます。

図に描きますと（図5参照）、左図のように高等動物は肺をもっていますが、この肺の中に酸素が流れ込み、廻り道をして心臓を通ってきた血液とこの酸素が結びつきます。こういう動物や人間の場合、血液は心臓と肺に流れ込んで、酸素と結びつくのです。蝶や蛾の場合は、まったく違った描き方をしなければなりません。右図のこれが蝶だとしますと、そのいたるところに管が入り込んでいます。そしてさまざまに枝分かれしています。酸素はそのいたるところにまで入っていき、からだの隅々にまで浸透します。

私たちや高等動物たちの場合、空気は空気のまま肺に入りますが、蝶や蛾の場合は、外の空気が光を伴って、からだの中に拡がります。鳥は空気を空洞の骨の中にまで取り入れます。蝶や蛾は外へ向けて光の動物であるだけでなく、空気に担われた光をからだの中に拡げますから、内的にも光なのです。鳥は、内的には、熱せられた空気なのですが、蝶や蛾は、全体が光なのです。からだも光から成り立っているのです。

蝶や蛾にとっては、熱も重荷であり、カバンなのです。ひたすら光の中を飛びまわって、からだを光から作り上げたいのです。空中を飛ぶ蝶を見たら、自分の色の変化を楽しんでいる光の存在が飛んでいる、と思うべきでしょう。光以外のものは、衣裳であり、カバンなのです。このように、地上の存在たちが、本来何から成り立っているかを知ろうとするのは、大切なことです。外的な姿は欺いているのです。

あれこれの知識を身につけている人は、東洋の叡智に従って、「世界はマーヤである」、と言うかも

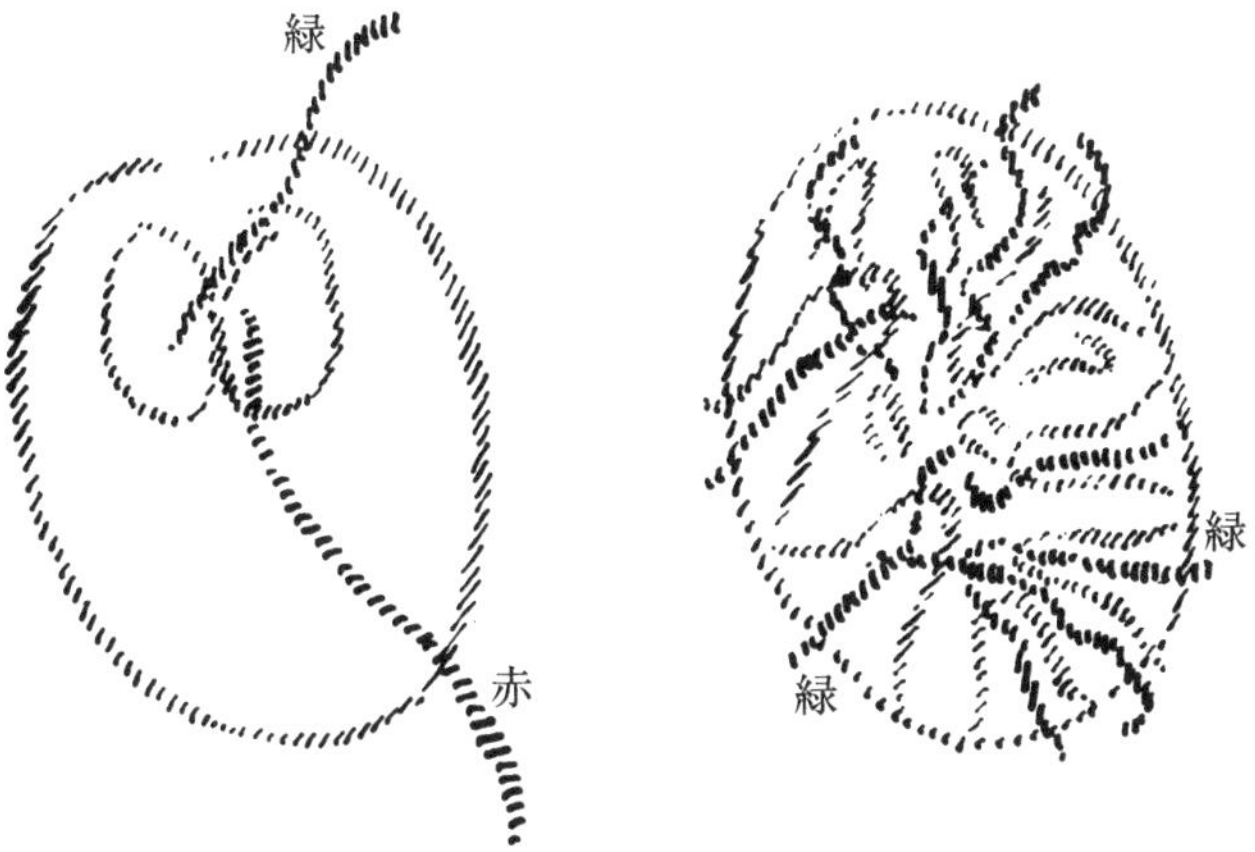

図5

しれません。しかし「世界はマーヤである」、と言うだけでは、何の意味もありません。どのように世界がマーヤなのか、その個々の場合を見ることができなければなりません。マーヤであることが理解できるのは、鳥の本性が外見通りなのではなく、熱い空気の存在なのだ、と悟るときです。蝶や蛾もまた、外見通りの存在ではなく、飛びまわる光の存在なのです。本質的に、色の変化を楽しんでいる光の存在なのです。鱗粉という物質に色が浸透し、それによってこの多彩な物質が、霊的宇宙への霊化の第一段階になっています。蝶や蛾は、自分の羽根に現れるこの色の変化を楽しんでいるのです。

こうもり――霊化の第三段階

ですから、二つの段階が区別できます。地球環境における光エーテルの中に住む蝶や蛾の段階と、地球環境における熱エーテルの中に住む鳥の段階ですが、更にこれに第三の段階が加わります。すなわち、こうもりの段階です。こうもりは、月がまだ地球と合体していた時代には、まったく存在することができませんでした。この動物は、空中を飛びまわりますが、地球の重力にしっかりと捉えられています。蝶や蛾は、地球の重力にまったく捉えられていません。嬉々として光エーテルの中を飛びまわり、みずからを光エーテルから生まれたものと感じています。鳥は、空気を内部であたためそれによって重力を克服しています。熱のある空気が冷たい空気に担われ、それによって重力を克服しているのです。

生まれつき空中で生きなければならないのに、まだ地球の重力を克服できずにいるこうもりは、空洞の骨をもたず、その骨は髄で満たされています。そして鳥のような気嚢ももっていません。

こうもりはまったく奇妙な動物です。身体の内部は、地球の重力をまったく克服していないのです。蝶や蛾のように光エーテルに担われてもおらず、鳥のように熱に担われてもいません。重力に従って、肉や骨を重さとして感じています。ですから、蝶や蛾の本質的要素である光が好ましくないのです。薄闇が好きなのです。空気を利用しなければなりませんが、光を担わないときの空気をもっとも好み、薄闇の中で空気に身を委ねます。本来、薄闇の動物なのです。

こうもりが空中を飛ぶことができるのは、どこか戯画めいた翼手を使うからですが、翼手は本当の翼ではなく、長く延びた指の間に張られた皮膚が、パラシュートのような働きをしており、それによって重力に対抗しているのです。ですから、こうもりは地球の勢力圏内に組み込まれています。一方、蝶や鳥の場合、物理的、機械的な構造でその飛び方を説明することはできません。その飛び方は、機械的な構造と完全には一致していません。蝶や鳥の翼は、機械的な構造では説明できないような要素を含んでいます。しかしこうもりの飛び方は、まったく機械的な力学で説明できます。

こうもりは、光も光を含んだ空気も好まず、せいぜい光がまだ少し残っている薄闇の空気を好んでいます。一方、鳥は常に空気の中で何かを見ています。羊を獲物として狙っている禿鷹でさえ、その羊を上方から大気圏の末端に見ているのです。しかも、羊に狙いをつける禿鷹をよく見ると分かりますが、禿鷹はただ見るのではなく、欲望しているのです。見ることは、まぎれもなく、意志と欲望の働きなのです。

蝶や蛾は、鏡を見るように地上のものを見ています。蝶や蛾にとっての地球は、宇宙を映す鏡なのです。蝶や蛾が見ているのは、地球ではなく、宇宙なのです。地球が鏡のように映し出す宇宙に注目しています。

鳥は地上のものではなく、空気中のものを見ています。こうもりは飛び、そして通過した後で、通過したものを知覚します。光を好みませんから、すべての見たものから不愉快な印象を受けます。蝶や鳥は、非常に霊的な仕方で見ていますが、こうもりは見ることを好みません。見たくないように見ているので、見るときは全身で不安を感じとっています。ですから、さっと通り過ぎようとするのです。しかしその代わり、すべてに耳を傾けます。飛びながら、飛ぶことが危険ではないかどうか、たえず聞き耳を立てているのです。

こうもりの耳を見て下さい。それはまるで世界の不安を体現しているかのようです。それはひそかに飛びまわるのにふさわしく作られています。こうもりのことは、この観点から観察しますと、よく分かります。

さて、蝶や蛾は、霊化された物質をたえず宇宙に提供しているので、その点で、土星の霊たちのお気に入りです。ところが、前に述べたように、土星は私たちの太陽系の記憶の担い手です。蝶や蛾は、私たちの惑星の記憶力と関連しています。記憶内容が、蝶や蛾の中に生きているのです。

一方、鳥は、これもすでにお話ししたことですが、そのすべてが頭です。そして熱に浸透された空気の中で天空を飛翔する鳥は、生きて飛翔する思考内容なのです。そして私たちの抱いている思考内容は、私たちの中の熱エーテルに貫かれた鳥の本性であり、鷲の本性なのです。鳥は飛翔する思考内容です。しかしこうもりは、飛翔する夢であり、宇宙の飛翔する夢なのです。

地球の周囲は、蝶や鳥やこうもりで織り成されています。蝶や蛾は宇宙の記憶であり、鳥は宇宙の思考であり、そしてこうもりは宇宙の夢なのです。

実際、宇宙の飛翔する夢がこうもりとなって、空中で羽音を立てているのです。夢が薄明を好むように、夢見る宇宙は、こうもりを薄明りの大気に送り出します。記憶の中の思考内容は、地球の蝶や蛾に体現され、今の瞬間の思考内容は、地球の鳥に体現されています。薄明りの夢は、こうもりとなって飛びまわります。実際、夢とこうもりの姿とは、何と互いに似かよっていることでしょう。こうもりを見ると、お前は夢見ている、と思わざるをえません。そして、夢が日常の現実から排除されるように、こうもりも、あるべからざる存在として、通常の動物界から排除されています。

蝶や蛾は、生きている間に、霊化した成分を霊界へ送り込みます。鳥は死後にそうします。こうもりはどうでしょうか。こうもりは、指と指の間に張られた皮膚の中に働いている霊化された成分を、生存中に排出しますが、それを宇宙に委ねるのではなく、地球の大気中に排出します。そうすると、地球の大気の中に、絶えず霊の真珠が生じます。

このように、地球は、蝶や蛾から絶え間なく流れ出る霊物質の微光に取り巻かれ、死せる鳥に由来するものをそこに注ぎますが、こうもりが霊化した成分を大気の中に排出するときは、その独特な大気の含有物を地上へ送り返します。これは、こうもりが飛びまわっているところには、必ず見ることのできる霊的な情景なのです。

実際、こうもりは、常にほうき星のように、尾のようなものを、飛ぶあとに残します。こうもりは霊物質を排出しますが、それを霊界へ送り込まないで、そのまま地上の物質環境の中に、大気の中に残すのです。肉眼で見ると、飛びまわるこうもりの姿が見えますが、霊眼には、こうもりが排出する霊的な成分が空中で羽ばたいているのが見えるのです。空気は酸素と窒素その他の成分からなるものだけではありません。それ以外にこうもりから流れ出る霊的成分も含まれているのです。

こう言うと、奇妙に、逆説的に聞こえるでしょうが、こうもりという夢の種族は、小さな幽霊たちを大気の中に送り込んでおり、それがひとつのかたまりになっているのです。地質学では、地下の流動的な岩塊を、マグマと呼んでいます。それと同じように、こうもりの排出するものを、大気中の霊的マグマと呼ぶことができます。

本能的な見霊能力をそなえた古代人は、この霊的マグマに対して、丁度現代人が汚れた空気に敏感であるように、大変敏感でした。現代人の敏感さは、どちらかというと、粗野な敏感さですが、古代の本能的な見霊時代の人びとは、大気中のこうもりの残したものに対しても敏感だったのです。

竜とミカエル

当時の人びとはこの霊的マグマから守られていました。秘儀の中には、こうもりの残したものが人びとの心に力を行使しないように、人びとを内的に守るための特別の手立てがありました。実際、人間は空気の中の酸素と窒素を吸い込むだけでなく、こうもりの残したものをも吸い込むのです。ただ現代の人びとは、こうもりの残したものから身を守ろうとしません。せいぜい匂いに敏感な程度で、こうもりの残したものには、まったく鈍感です。何の嫌悪感もなしに、それを飲み込んでいます。その他の場合には神経過敏な人が、それを精一杯飲み込んでいるのです。しかし飲み込んだものは、肉体、エーテル体の中にではなく、アストラル体の中に入っていきます。

実に不思議なこの関連に眼を向けて下さい。秘儀の学が教えるように、こうもりの残したものは、私がこれまでの講義の中で述べてきた「竜」の一番大好きな食べ物なのです。ただそれは予め、人間が飲み込んだものでなければなりません。人間がその飲み込んだものを本能に浸透させますと、竜はそこを人間の中のもっとも確かな足場にするのです。本能に浸透し、本能を興奮させるその飲み込んだものに竜が喰いつき、そして肥え太ります。もちろん霊的な意味においてですが。

こうして竜は、人間に力を行使します。ですから、今日も人びとは、このことから守られていなければならないのです。そして、これまで述べてきた「ミカエルと竜との戦いの新しい形」が、人びとを守ってくれるのです。これまで述べてきたような仕方で、ミカエル衝動を受容した人は、その内的な力づけによって、竜の好む食べ物から守られます。こうもりが大気の中に残したものから守られるのです。

内的な宇宙関連から真実を取り出してくることをおそれてはなりません。現代において一般に認められている真理探究の仕方では、真実には到りません。大抵は夢というよりも、マーヤー（幻影）に陥るのです。真実を探求するには、すべての物質存在が霊的存在に浸透されているところを探求しなければなりません。この連続講義が示そうとしている考察の仕方が、そのためにはどうしても必要なのです。

すべては、善のためか、悪のために存在しています。すべてはそのような仕方で、宇宙関連の下に置かれています。ですから、その関連の下で、存在の本質が認識できるのです。唯物論的に見れば、蝶が飛び、鳥が飛び、こうもりが飛んでいるだけです。けれども、そう見る人は、自分の部屋の壁に、互いにまったく関連のない絵を並べている人のようです。上空に眼を向けていても、通常は空を飛ぶもの同士の内的な関連が見えてきません。その関連を見ようとしないからです。しかし宇宙のすべてが、それぞれところを得ているのは、その位置において、それぞれが宇宙と内的な関連をもっているからです。蝶や蛾も、鳥も、こうもりも、すべてはなんらかの意味で、宇宙の下に関連し合って生きているのです。

こういうことを嘲笑する人は、嘲笑するにまかせておくしかありません。他のことも嘲笑の対象になってきました。有名な科学者たちが、隕石など存在しえない、鉄が天から降ってくるわけがない、などと言っていたのです。だから今日お話しした、こうもりの働きについても、嘲笑しない筈がないのです。しかしどんなに笑われようとも、私たちの文明を霊的な認識で貫き通すことを、ためらってはならないのです。

第6講　進化過程（一九二三年十月二十八日）

人間の進化過程

これから、人間生活との関連で、動物、植物、鉱物の、これまで取り上げなかった存在たちを考察していこうと思いますが、その前にまず、人間そのものの進化に眼を向けなければなりません。このことについては、すでにいろいろと述べてきましたが、ここでもう一度概観しておこうと思います。

今日の科学によれば、植物界、動物界、人間界の生物たちは、生命のない、いわゆる無機的な素材の組み合わせから発展してきた、と言われておりますが、進化の過程を霊現すると、それとは本質的に異なる事情が見えてきます。私の『神秘学概論』に述べたように、今日の私たち人間は、太古の土星紀にまで遡る、非常に長期にわたる進化の過程を辿ってきました。地球上の存在たちの中で、人間はもっとも古い存在なのです。動物は太陽紀に生じ、植物は月紀に生じました。そして今日の鉱物は、地球紀になってから生じました。

それでは一体、今日の人体の中で、進化史上、何がもっとも古い部分なのでしょうか。

それは頭部です。頭部は、土星紀の間に、その最初の萌芽を得たのです。もちろん、土星紀はもっぱら熱の成分から成り立っており、当時の人間の頭部も、波打つ熱でした。気体は太陽紀に、液体の流動状態は月紀に獲得されました。そして骨を含んだ固形の状態は、地球紀において生じました。古土星紀に存在していた、今日の頭部の祖型は、今日の科学的な観点からでは、ほとんど想像もできないでしょう。

動物の進化過程

先回述べたことからも分かりますように、人間のこの頭部形成と同時に、古土星紀において、蝶や蛾の萌芽も生じました。あとで鱗翅類以外の昆虫についても取り上げるつもりですが、今は蝶や蛾にこだわり続けようと思います。古土星紀から現在までの進化の過程を辿りますと、精妙な形態の人体頭部が萌芽として形成されるときと並行して、蝶や蛾のような、空中を羽音を立てて飛ぶすべての動物の萌芽もまた形成されたのです。

この両存在はさらに進化を続けます。――人間は内面化して、魂の働きを表現するために、内から外へ向かう存在になっていきます。内から外へ向かって輝きながら進化していく存在になるのです。

一方、蝶や蛾の場合、宇宙はその美のすべてを存在の外側に注ぎ込みます。蝶や蛾という存在は、これまで述べてきた宇宙の美を、翅の鱗粉で体現しているのです。その意味で、蝶や蛾は、上なる宇宙の美の鏡像なのです。

人間の場合、上なる宇宙を内部に取り込み、内に閉じ込め、宇宙を内なる魂にし、魂の中に宇宙を集中させます。そしてその内面を外へ向けて輝き出します。人間の頭の形態は、その働きをあらわしているのです。ですから、人間の頭は、内から外へ向けて作られたものであり、蝶や蛾は外から内へ向けて作られたものなのです。「私は最古の秘密を、土星紀における人体頭部の秘密を突き止めたい。頭蓋骨の中にどんな力が働いていたのかを知りたい」――こういう問題意識が持てれば、大変重要なことが学べます。

その際には、自分の頭を参考にしながら、蝶や蛾を研究しなければなりません。自分自身の頭の奇蹟を理解するためには、外なる自然の中の蝶や蛾の奇蹟を参考にしなければならないのです。このことは、宇宙を霊的に考察する人にとっては、大切な観点なのです。

土星紀から太陽紀へ到りますと、人間の頭部は更に発達して、空気体に変わります。精妙な成分の中で、後に胸部の呼吸器官や心臓になる部分が付け加わります。ですから土星紀にあるのは、本質的にはまだ人間の頭部だけなのですが、太陽紀になると、頭部に胸部が付け加わるのですが、同時に、土星紀の末期と太陽紀の初期には、鷲に代表されるような鳥の存在が現れます。太陽紀の初期に、鳥類の萌芽が現れ、そして太陽紀の第二期に、ライオンに代表されるような本来の胸部系動物の萌芽が現れます。

このことからも分かるように、高等動物でさえも、その形成過程は人間の場合と非常に異なっているのです。猿類のような過渡期の動物については、後日お話ししようと思います。今は全体の関連づけをしておきたいのです。その意味で、人間の形成と高等動物の形成との間には大きな相違があります。

人間の場合、進化の過程で、まず最初に頭部が形成され、その他の部分は、いわば頭部の附属器官になっています。人間は宇宙進化の過程で、頭部から下部へと成長します。それに反してライオンは、古太陽紀の第二期に、まず胸部系動物として、まだ非常に小さな、未発達な頭をもった、力強い呼吸系動物として生じます。ずっと後に太陽が地球から離れ、外から働きかけるようになったとき、胸部から本来の頭部が発達します。ですから、ライオンは胸部から上方へ進化していくのですが、それに対して、人間は頭部から下方へ進化していきます。これは進化全体における大変大きな違いです。

地球の月紀段階にいたりますと、月紀は水の時代ですから、——もちろん後期になると、角質化の過程が生じますが、——消化系の萌芽が形成されます。古太陽紀という光に包まれ、光に浸透された空気の時代には、人間は養分を摂るのに、呼吸器官だけを必要としていました。呼吸器官の下方は閉ざされていました。人間は頭部系と呼吸器系の存在だったのです。

月紀になると、人間は、頭部と胸部と腹部の存在になります。そして月紀のすべては、水の成分から成り立っているので、月紀の人間は、水中を泳ぐために複数の突起体をもっていました。手と足については、地球紀になって重力が働くようになり、その重力にさからって立つようになったときから、語ることができます。ですから手足は、地球紀に属するのです。

月紀の人体は、肢体を動かすエネルギーをまだ必要としていませんでしたから、消化器官はまだまったく異質でしたが、月紀に消化器官が人体の中に組み込まれたのです。

月紀に蝶類や鳥やライオンたちの子孫に、主として消化活動に従事する動物たち、牛に代表される動物が加わります。

牛と人間の進化を較べてみますと、牛は、月紀に、主として消化器官を育成し、その後、月が地球から分離した後で、消化系から胸の循環器官が、そして更に独特な頭部が生じました。一方、人間は、まず頭部が生じ、次いで胸部が発達し、それと結びついて消化器系が進化しました。ライオンは胸部系から始まり、それと結びついて頭部が進化し、そして月紀において、人間と一緒に消化器系を獲得するのですが、牛を代表とする動物たちの場合は、最初に消化器系が萌芽として現れ、次いで胸部と頭部が形成されます。人間は頭部から下へ、ライオンは胸から上と下へ、牛は消化器官から胸と頭へ進化していきます。牛は人間に比較すると、もっぱら上へ、心臓から頭へと進化していきます。このことは、人間の進化を見るときの見方を教えてくれます。

ではその時、牛だけが人間の仲間のように、人間と進化を共にしたのでしょうか。

そうではありません。惑星紀が始まるときは、常にそうなのですが、古くからの生物も進化を続け、新しい生物がそれに加わるのです。牛は月紀の始めに現れますが、月紀の終わりに最初の萌芽を現わした動物たちもいます。これらの動物たちは、たとえば月の分離には立ち合っていません。月はすでに外に存在していたからです。ですから、これらの動物たちは、月の分離によって牛が腹部から心臓や頭を附け加えていったようにではなく、消化活動に留まり続けます。人間の腹部の活動段階に留まる消化系動物たちです。

鷲と蝶や蛾は頭部に従い、ライオンは胸部に、牛は腹部に従っています。とはいえ、これらの動物は、後の進化の中で他の諸部分も進化させます。けれども、両生類や爬虫類に属する蛙、ひきがえる、蛇、とかげなどは、こう言ってよければ、人間の腹部だけ、人間の消化器官だけが動物となって生じたものなのです。

土星紀＝蝶類　頭
太陽紀＝鳥、ライオン　頭・胸
月紀＝牛、爬虫類、両生類、魚

これら腹部系の動物たちは、月紀の第二期に、この上なく不格好な姿で現れます。その動物たちは本来、歩き廻る胃であり、腸なのです。ずっと後の地球紀になってから、これらの動物たちは、まだあまり高貴な形をしていない頭部を得ます。どうぞ、蛙、ひきがえる、蛇などをよく見て下さい。これらの動物は、人間がこれまでの身体部分に、なお消化系を加えた時期に、消化系動物として現れたのです。

人間が重力と地磁気の下に肢体を形成した地球紀に、――亀を代表として取り上げれば――肢体のような形をした頭を、甲羅から外へ延ばすようになりました。両生類や爬虫類の不格好な頭は、まるで口からすぐに胃の中へ移ってしまうようです。

人間を基準にして、動物たちを見ますと、爬虫類、両生類は消化活動だけに従っているようです。人間が自分の消化したものを腸の中に持ち廻っているように、宇宙は、ひきがえると蛇と蛙を、地球の水と地から成る自分の腸の中に持ち廻っています。

これに反して、人間の生殖器官は、月紀のもっとも末期に最初の萌芽を得、そして地球紀の進化過程で現れてきたのですが、その生殖器官に近い動物は、魚やもっと下等な動物たちです。魚は、「おそく生まれてきた子」として、人間の生殖器官が消化器官に附け加えられた時期に、他の動物たちの仲間に加わった動物なのです。蛇は、本質的に生殖器官と消化器官との仲介者です。人間の本性との関連で、蛇は何を表現しているでしょうか。蛇はいわゆる腎管を表現しています。人間に腎管が作られた宇宙進化期と同じ時期に、蛇が現れたのです。

人間は、頭から始まって、下へ向かって成長していきました。地球紀になって人間のために肢体が作られ、重力と磁力の働きに適応できるようになったのですが、この下への成長と同時期に、さまざまな種類の動物たちが創られたのです。

このようにして、地球の進化と生きものの進化との本当の相関関係が分かるのです。地球の進化に応じて、生きものたちも進化を遂げて、現在の段階に至りました。蝶や鳥は地上の物質形態をとっていますけれども、すでにお話ししたように、本来は光の存在であり、地上的な物質体は、この光の存在に新たに附け加わっただけなのです。蝶や蛾は本来、光の体をもっている存在なのであり、地上の物質体を、荷物のように、外にある何かとして身につけています。同じように、本来の鳥は、鳥の中に浸透している熱い空気であって、他の部分は、鳥の荷物であり、生きるためにそれをひきずっているのです。

今日でも地と水からなる着替えを纏いながら、本来の光の本性、熱の本性を保持しているこれらの動物たちは、地球の進化の過程で、もっとも早い時期に現れました。これらの動物たちの形姿は、地上に受肉する以前に霊界で過ごしたときのことを私たちに思い出させます。たしかに地上の形姿であり、地上の物質を纏っていますけれども、蝶という空中を飛び廻る光の存在から、その身に纏っている物質部分を取り去り、そして鳥を、熱い空気を生じさせる作用力の集合体であると考え、その翼を光り輝く光線と考えるならば、これらの動物たちは、地上に降りる以前の私たちの存在を思い出させてくれるのです。

蝶と鳥は、地上に降りる以前の霊界で人間を導いてきたあの高次のヒエラルキア存在たちを、地上に受肉する以前の人間が周囲に見出していた霊的諸形姿を思い出させるのです。その霊的諸形姿の小さな思い出こそが、蝶であり、鳥なのです。

地上の物質は重力に支配されていますので、蝶や蛾のように、本来の巨大な形姿を小さい姿に変えて、重さを克服しています。けれども、蝶から地上の物質成分がすべて取り除かれたなら、蝶は見る見るうちに大きくなって、光り輝く大天使の霊姿になるでしょう。

大気中に住む動物たちは、霊界に存在するものの地上的な模像なのです。ですから古代の本能的な見霊体験の時代には、飛翔する動物たちの姿の中に高次のヒエラルキア存在たちの象徴を見る芸術的作業を当然のように行っていたのです。基本的に蝶や鳥の物質形態は、霊的存在の模像なのです。

ですから、第5講の図4に戻りますと、今ならきっとその意味がはっきり理解できるでしょう。すでに述べたように、本来光の存在である蝶や蛾は、生きている間、地上の物質を絶えず霊化しながら、それを宇宙へ送り込みます。この霊化された地上の物質を、太陽物理学の用語を使って、蝶の「コロナ」と呼びますと、蝶はみずからのコロナを絶えず宇宙へ放射します。この蝶のコロナの中へ、鳥の死によって宇宙に委ねられた霊化物質が輝き入ります。このコロナを通して、鳥が霊化した物質は、宇宙の中へ輝きます。蝶から発したこのコロナは、一定の法則に従って、冬にも維持され、鳥からは、光線の形をした霊化物質がそこに流れ込みます。（84頁の図4参照）

人間が霊界から物質界へ降りてきますと、先ず蝶のコロナがそこに存在して、地上で生きるように、と人間に呼びかけます。そして鳥のコロナは、人間を力づけるように流れ込みます。大気圏に生きる動物たちの高次の存在意味をそこに見ることができます。

このように、現実の中で生きて働くすべてのものの中に、霊的な意味が見出だせます。大地は、蝶のコロナの明るい輝きや鳥のコロナの輝きを宇宙空間の中へ送り込むことによって、ふたたびこの世に生まれてくるようにと、霊界の人間を誘います。死後、霊界ですごしてきた人間は、こうして新しい地上生活へ招かれます。

ですから蝶や鳥を見るときに感じる私たちの言い難い感情は、無意識の奥深くに根ざしており、新しい地上生活への憧れを思い出せているのです。

動物との一体感

このことは、私がしばしば述べてきたことと関連しています。死の門を通っていった人は、その頭を分散させますが、他の生体部分は、もちろん成分としてではなく、作用力として、次の人生での頭部を用意します。ですから人間は、受肉に際して先ず頭を求めます。胎児の最初の形は頭部なのです。胎児の頭部の形成は、人間を超感覚的世界から感覚的世界へ招き寄せる、あの蝶や鳥の飛翔する世界と密接な関係があるのです。

母の胎内で、胎児はまず頭部として形成され、次いで地上を生きるために、消化系その他が形成されます。頭部の形成が熱の成分、空気の成分、熱と光の成分と関連しているように、地球進化の後期につけ加えられ、胎児に新たに組み込まれる代謝、肢体系は、土のしめった要素と関連しています。

土のしめった要素は、母胎の中で、特別に用意されねばなりません。この要素だけが外なる大地の中でばらばらに形成されると、両生類や爬虫類のような低次の動物となって現れます。

蝶は光の存在であり、鳥は熱い空気の存在ですが、両生類、爬虫類、魚類はどうなのでしょうか。魚を見てみましょう。こんにちの魚には形成力が外から働きかけてきます。人間の場合、同じ形成力が内から働きかけていました。魚の生活環境である水は、化学が教えるような水素と酸素の化合物なのではなく、あらゆる種類の宇宙的な力が形成力となってその中に働いているのです。星々の働きも水の中に及んでいます。もしも水が単なる水素と酸素の化合物にすぎなければ、その中で魚は生きていけないでしょう。

蝶がみずからを光の存在と感じ、鳥がみずからを熱い空気の存在と感じるように、魚は、みずからを地と水の存在とは感じていません。しかし自分の吸い込む水そのものを、魚は自分の存在であるとは感じていません。

鳥は自分の吸い込む空気を、自分の存在であると感じています。図6のように、鳥は自分の中に入って、からだのいたるところに拡がっている空気を、自分の存在であると感じています。この拡散し、そしてからだであたためられた空気（図の青色の部分）は、鳥にとっては自分の存在なのです。一方、魚は自分の中に水を含んでいますが、その水を自分だとは感じていません。自分は水を取り込むものであり、水の環境なのだと感じています。自分は水のぴかぴかした覆いであり、殻である、と感じています。しかし水そのものは、魚にとって自分とは異質の要素であり、自分の中に入ってきたり、出

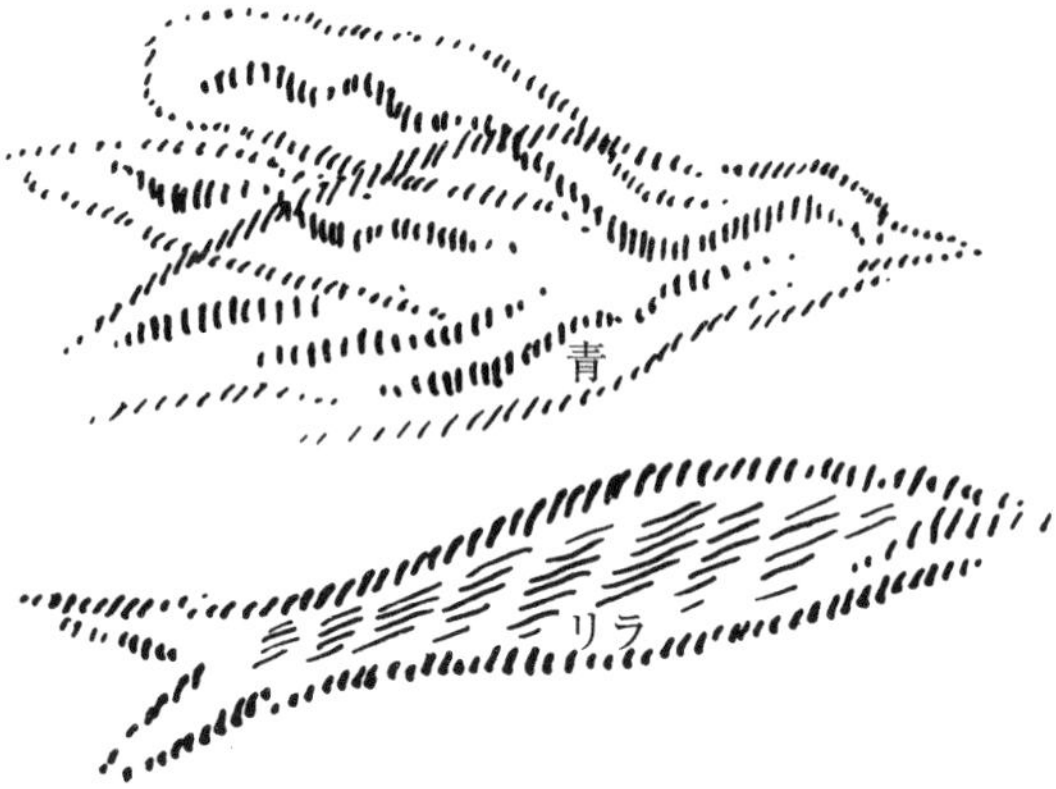

図6　(上)鳥　(下)魚

ていったりして、必要な空気をもたらしてくれる何かであるにすぎないのです。魚は、水と空気を異質なものと感じているのです。

エーテル動物

このように、魚のからだは、空気と水を異質なものと感じているのですが、魚の特異なところは、アストラル成分をではなく、水や他の液体成分の中のエーテル成分を、自分本来の生命の場であると感じていることです。魚は独特な、エーテル動物とでも言うべき存在であって、自分を水のための物質的な殻であり、自分の中の水を地上のすべての液体と共通していると感じています。湿気がいたるところで魚とつながっています。そしてどこにもある湿気の中に、魚は同時にエーテルを見ているのです（図のリラ色の部分）。

もちろん魚は口をきくことができませんが、もし口がきけて、自分の感じたことを話すことができたとしたら、次のように語るでしょう。――「私は殻となって、いたるところに拡がる水の要素を担っている。水の要素はエーテルの要素を担っている。このエーテルの中を、私は泳いでいるのだ」。

さらに次のようにも言うでしょう。――「水は幻影にすぎない。エーテルこそが現実である。私はこのエーテルの中を泳いでいるのだ」。

こういう仕方で魚は、自分の生命を地球の生命だと感じているのです。これこそが魚の特質なのです。つまり、自分の生命を、地球の生命であると感じ、そして地上の季節の移り変わりのすべてに深く関わるのです。夏のエーテルの諸力は外へ出ていきます。冬のエーテルの諸力は内に引きこもります。魚は、このことを通して、地球全体が呼吸していると感じます。魚はエーテルを地球の呼吸だと思っているのです。

ヴァクスムート博士が以前ここで、地球の呼吸について話してくれました。あれは大変立派な講演でした。魚も、もしも講演することができたとしたら、この場所でヴァクスムート博士と同じ立場で、自分の経験を語ってくれたことでしょう。実際、魚は、ヴァクスムート博士の語ったすべてを感じとっているのです。魚は、季節の変化を通して行う地球の呼吸作用を、特別な仕方で共にしています。なぜなら魚は、エーテルを呼吸しているのですから。エーテルの生命要素を呼吸しつつ、空気をも呼吸しているのです。

アストラル動物

爬虫類、両棲類、たとえば蛙などの場合はまったく違います。これらの動物は、宇宙のエーテル要素よりも、むしろ宇宙のアストラル要素と結びついているのです。

「あなたは何ものなのか」、と魚にたずねたなら、きっとこう答えるでしょう。「この世の私は、地上の生物として、土と湿気から造られていますが、私の本当の生命は、宇宙と共に呼吸する地球生命なのです」。

蛙はそうではなく、本質的に別様に存在して、いたるところに拡がるアストラル成分に関わって生きています。

植物についてお話しした際、花がその上端で宇宙のアストラル成分と接している、と申し上げました。このアストラル成分は、いわば地球のアストラル体なのですが、丁度魚が地球のエーテル体と結びついているように、蛙はこのアストラル体と結びついてるのです。魚は自分のアストラル体を自分のために所有していますが、蛙は、魚のそれよりもはるかに強力なエーテル体を、自分のために所有しつつ、アストラル性全体の中で生きて、特に季節の中で演じられるアストラル的な経過を共に体験しています。地球は、季節に応じて水分を蒸発させ、そしてまた地上に降下させるアストラル経過を共に体験しています。もちろん唯物論的な考え方の持ち主は、言うでしょう。――「水が蒸発するのは、あれこれの気象上の働きである。蒸発して上昇すると水滴となり、重くなると、下へ落ちる」。

けれどもその考え方は、人間の血液循環を生命活動を顧慮しないで、同じような理屈で説明するのと変わりありません。水分が上昇したり下降したりする循環運動の中には、地球のアストラル大気が生きているのです。私たちはおとぎ話ではない真実の話として、次のように語ることができます。――「蛙は、――他の両棲類にもそのことが言えますが、蛙ほど顕著ではありません――天候や気象の中に現れるアストラル経過を共にしている」。

御存知のように、天気予報をする人は、こういう蛙を利用しています。蛙が自分のアストラル体で地球のアストラル性の中へ入り込み、そうすることで見事に天気を共に体験しているからです。蛙は自分独自の感情を持っているとは言えませんが、雨期や乾期などに持つ地球の感情の担い手なのです。ですから一定の天候の下で、私たちは見事な、または下手な蛙の合唱をきくのです。それは本質的に、地球のアストラル体を共有したことの蛙らしい表現なのです。蛙は、全宇宙からの促しなしにゲロゲロと鳴いたりはしません。地球のアストラル体を共に体験しつつ鳴くのです。

このように、大地の湿気の中に生きる存在は、他の存在よりも大地のいとなみと共に生きています。魚の場合は、大地の生命のいとなみを、蛙の場合は、そもそも爬虫類、両棲類の場合は、大地の感覚のいとなみを体験しているのです。人間の消化系を研究する人は、その消化器官が内部から形成されている、と言うでしょうが、しかし消化器官がどのように機能しているかを研究しようとしますと、どうしても両棲類、爬虫類に向き合わなければなりません。なぜなら、人間の消化器官の中に働く力を、両棲類、爬虫類は、外界において示しているからです。人間の消化力と同じ作用力をもって、外なる自然は、蛇、ひきがえる、とかげ、蛙を作り出したのです。

自然の中には、醜いものなどどこにもありません。すべてを客観的な仕方で記述しなければなりません。その意味で排泄作用を行う人間の大腸の内的本性を研究するためには、ひきがえるの外的形態を研究しなければなりません。なぜなら、ひきがえるは、内的に作用する人間の大腸の働きを、外的に身につけているからです。このことは、蝶について述べたことほどに美しくはありませんが、自然のいとなみは、すべて客観的に、平等に受けとらなければなりません。

外なる自然と内なる自然

このようにして、地球がどのような仕方で宇宙のいとなみを共にしているかを、心に思い浮かべることができます。地球の排出活動は、あまり生命力のない人間の排泄行為とは異なり、生きているものを排出します。例えば、ひきがえるをです。地球は、自分が必要としないものを、そこに捨てるのです。

以上から分かるように、外界に内なる自然に対応しています。「どんな人間精神も、自然の内部へは入っていけない」、と語る人は、外界のいたるところに、この「自然の内部」が現れているのを知らないのです。人間存在の内的本性を研究するには、外界に生きているものを理解しようとしなければなりません。外界に存在しているものを研究できれば、人間の頭から肢体までのすべてを研究できるのです。宇宙と人間は、まったく一体なのです。

以上に述べたことを、次のように描くことができます。ここに大きな円周があります。円周は力を一点に集めています。大きな円周の内側に、小さな円周を作ります。それは中心に集まった力の産物でもあります。小さな円周はさらにもっと小さな円周を作ります。内にあるものが、この円周を産み出しているのです。この円周はこんなに小さな円周も産み出します。人間という点にも同じことが言えます。人間も宇宙の力を結果して、外なるものと出会うのです。私たちが感覚を通して宇宙と出会うとき、人間の内から外へ出ていくものが、宇宙の外から内へ出てくるものと出会うのです。この意味で、人間は小さな宇宙です。大宇宙に対する小宇宙です。しかも人間は、大宇宙のあらゆる奇蹟と秘密を含んでいます。ただ働きかける方向は逆なのですが。

今までに述べてきたことだけですと、地球の進化は極めて好ましからぬ方向へ行ってしまいます。ひきがえる的な存在たちを排出していく地球は、いつかは人体と同じように、進化できなくなって破滅していかざるをえないでしょう。

しかしこれまでは、人間と動物との関連だけしか取り上げませんでした。地球の進化を考察するために、これからはさらに、植物界と鉱物界をも取り上げなければなりません。

鉱物が地球紀にどのようにして生じたのでしょうか。たとえば原始山脈の岩石たちがどのように植物の堆積によって生じたのでしょうか。その後石灰山脈がどのように動物の堆積によって生じたのでしょうか。

鉱物界は植物界、動物界の、本質的には下等動物の堆積したものです。ひきがえるは、まだ鉱物界に多くを提供していません。魚も比較的わずかです。けれども、もっと下等な動物や植物は、非常に多くを提供してきたのです。硅素や石灰を含んだ殻をもつ下等生物が、みずからの動物的、植物的ないとなみによって鉱物を堆積しますと、その鉱物は崩壊します。鉱物が崩壊しますと、ひとつの高次の力が、鉱物のこの崩壊物を取り込んで、新しい世界を創り上げます。鉱物がそのために何よりも重要なのです。

人間の頭部は、地球紀における熱、空気、水、地＝鉱物のメタモルフォーゼ（変容）の過程のすべてを共にしてきました。鉱物化されていますが、まだ依然として生命に貫かれている頭骨がまず鉱物の変容を現わしています。しかし頭部の内部も、大地の鉱物の変容を共にしてきたのです。脳の中央部にピラミッド状の松果体があります。四床体と視床の近くにあるこの松果体は、脳砂と呼ばれるレモン・イエロー色の砂を分泌します。この脳砂は、松果体の末端に、ひとかたまりになって存在しています。それは本当に、人間の頭の中の鉱物として存在しています。もしこの砂がなければ、クレチン病患者になり、白痴になってしまいます。通常の松果体は比較的大きな形をしていますが、クレチン病患者の松果体は麻の実程の大きさしかなく、もはや脳砂を分泌しません。

この鉱物質の分泌物の中に、本来の「霊人」が存在しています。このことは、生命的な存在が霊を宿らせることができず、逆に人間の霊はその中心に無生物的なものを必要としているのだ、ということを暗示しているのです。生きた霊は、生命のないものの中で独立して存在しているのです。

蝶の頭部形成や鳥の頭部形成から爬虫類や魚にいたるまで、ひとつの見事な進化の過程が辿れました。私はここからふたたび高みへ向い、上昇しようと思います。動物の系列の場合と同様に、私たちの認識を満足させてくれる、植物と鉱物の系列をこれから考察しようと思います。過去の世界を動物の系列から学びとることができたように、鉱物の系列からは地球の未来のための希望を見出すことができるはずです。もちろんこれからの講義では、いろいろな仕方で移行期の動物たちをも取り上げなければなりません。これまでは、いわば進化の節目に現れた主要な動物たちのことだけを取り上げて、概観を与えようとしてきたのです。

第三部　植物界と自然霊

第7講　四大霊（一九二三年十一月二日）

植物の成長過程と四大の霊たち

可視的な世界と不可視的な世界とは関連し合って、ひとつの全体を作り出しています。私たちが動物から植物へ眼を向けますと、このことが更によく理解できます。

日頃私たちを喜ばせてくれる植物の大地から生じる成長過程は、まさに神秘であると言えます。動物の本能の働き、その内的な活動も十分に神秘的ですが、本能がそこにあって、動物の形姿を生じさせ、動物の行動を支配していることは、知性によっても或る程度理解できます。

しかし植物は、多様な形姿をとって大地の表面に現れ、大地と大気圏に支えられて、神秘的な仕方で、成長し発展します。この植物界の神秘的ないとなみが眼の前に現れるとき、私たちは何か特別なことがそこに生じているに違いない、と感じます。

植物界を霊視しますと、古代の本能的な見霊能力がすでに見ていた霊的本性たちが、そこに充満しています。古代の本能的な見霊能力は、その後失われましたが、今日までその霊的本性たちの名前を遺してくれました。詩人たちは、その名前を今でも用いています。現代人はそのような霊的本性を、現実に存在するとは思っていません。しかし植物のまわりを取り巻いて、飛び廻る霊的存在たちに現実的な性質を認めようとしない限りは、植物界を理解することはできません。医療にもこの植物界の理解は不可欠なのに、現代人からその理解がまったく失われてしまいました。

すでに植物界と蝶の世界との非常に重要な関連を取り上げましたが、この関連の霊的な意味は、一層深く植物界のいとなみを洞察するときにはじめて見えてきます。

根の精グノーム

根を大地の中に拡げる植物の様子を霊眼で辿ってみますと、根のいたるところを自然霊が取り巻き、根と結びついているのが分かります。古代人が「グノーム」と呼び、私たちが「根の精」と呼ぶ四大霊は、霊視と霊聴によって探求し、いわばこの霊たちの魂の部分に眼を向けることができます。

根の精はまったく特殊な地球の仲間です。何も姿を現わしませんが、その作用は、外からでもよく見えるのです。なぜなら、植物の根と大地との間を、もしもこの不思議な霊たちが取り持っていなかったとすれば、どんな根も生き続けることができないでしょうから。根の精たちは、大地の鉱物部分

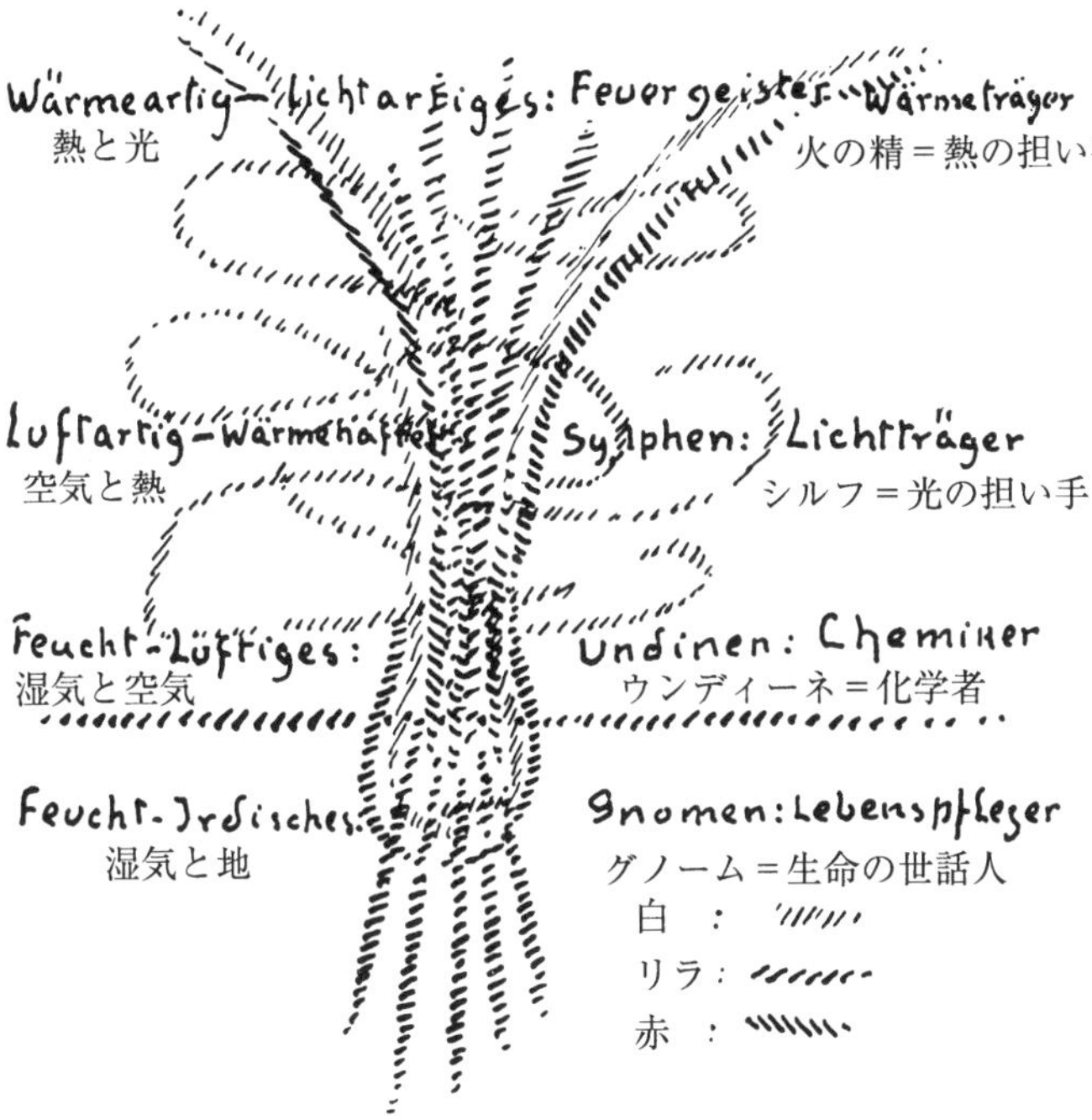
Wärmeartig–Lichtartiges: Feuergeister: Wärmeträger
熱と光
火の精＝熱の担い手
Luftartig–Wärmehaftes: Sylphen: Lichtträger
空気と熱
シルフ＝光の担い手
Feucht-Luftiges: Undinen: Chemiker
湿気と空気
ウンディーネ＝化学者
Feucht-Irdisches: Gnomen: Lebenspfleger
湿気と地
グノーム＝生命の世話人
白 ：
リラ：
赤 ：

図7

を流動化して、植物の根にそれを浸み込ませます。

大地のいたるところに存在する根の精は、多少なりとも透明であるか、金属を含有するかしている岩石や鉱石の内部にいると、特に居心地よく感じます。しかしもっとも気持ちがいいのは、植物の根に鉱物成分を供給するときです。それが彼らの本来の仕事なのですから。根の精たちの霊的な本性は、人間の眼や耳の霊性とよく似ています。事実、根の精は、本質的に感覚存在なのです。感覚だけの存在なのです。感覚であると同時に知性でもあるような感覚です。見たり聞いたりするだけでなく、見たもの、聞いたものを理解します。いたるところで印象を受けとり、同時にいたるところで理念をも受けとるのです。

この根の精たちの理念を受けとるやり方は、次の通りです。大地の中から植物が萌え出ます。(図7参照)。植物は―すぐあとで述べるように―地球外の宇宙の働きと結びついています。そして一定の季節になると、霊の流れ(リラ色の部分)が上から、花から、果実から根にまで、流れ、大地の中にまで流れます。

私たちが眼を光に照らされたものへ向けるように、根の精たちは知覚能力を、植物を通して上から大地にしたたり落ちるものへ、自分たちに向かってしたたり落ちてくるものへ向けます。そのとき、この精たちに向かって、したたり落ちてくるものは、光を花々に送り、太陽熱を植物に送り込み、空気を葉の中に生じさせ、さらには遠い星々をして植物の形成に影響させたものと同じものなのです。

植物は宇宙の秘密を集め、それを大地に沈めます。そうするとグノームが、宇宙のこの秘密を受けとります。植物を通して霊的にしたたり落ちてくるこの秘密をです。特に秋から冬にかけて、グノームたちは、地球を放浪する途中で、鉱石や岩石を通して、植物からしたたり落ちたものを受けとります。そして、全宇宙の諸理念を放浪しながら担っていくのです。私たちが見る広大な宇宙は、宇宙霊の創造した世界であり、宇宙理念の具現です。グノームが植物を通して受ける光や色は、宇宙の理念なのですが、グノームはそれを地球の内部で、まったき意識をもって、鉱石から鉱石へ、石から石へ担っていきます。

私たちは地球の深みへ眼を向けます。何らかの機械的に作用する自然法則のための抽象的な理念を求めるのではなく、地球の深みへ眼を向け、そして放浪するグノームを眺めます。グノームは、地球の内部における宇宙知性の光にあふれた保持者なのです。

グノームは、見たものを、同時に知るのですから、人間と同等の知識を持っています。グノームは真の意味での知性の体現者です。すべてが知性なのです。グノームの場合は、すべてが知性なのですが、その知性は普遍的ですので、人間の知性を、不完全なものだと見下しています。グノームは、私たちが苦労して克ち取った知性を見て笑います。グノームにはあれこれ考える必要がありません。世界の合理的な仕組みを見て、そして人間がその仕組みを知るために、どれくらい苦労しているかに気がつくと、皮肉っぽく、どうして人間どもは苦労して考えるのだろう、と思います。見ればすべてが分かるのに、人間はおろかにも、先ず考えようとしている。そうグノームは思うのです。

もしもグノームがわれわれの論理学を知ったら、途方もない嘲笑の声を上げることでしょう。考え方を論じるなど、まったく余計なことだからです。思考内容はいたるところにあります。理念は植物を通して流れています。人間たちはどうして、鼻を大地の奥深くにつっこまないのでしょうか。植物の根がそうしているようにです。そうすれば、植物に語りかける太陽の言葉が、その鼻の中へ滴り落ちてくる筈なのです。そうすれば、すでに認識はできているのです。論理など行使しても、ごくわずかなことしか分かりません。――グノームたちはそう語るでしょう。

実際、グノームたちは、大地の中にあって、宇宙の諸理念を担っています。しかし彼らは、大地そのものを好んでいません。彼らは宇宙の諸理念を抱いて、大地の中をぶんぶん飛び廻っていますが、大地を嫌って、すぐにでも大地から逃げ出したいと思っているのです。

なぜそうなのかは、すぐにお話しします。彼らが大地を嫌うのは、大地がグノームたちを絶えず危険に陥れようとしているからです。この前お話ししたように、大地は特にグノームに、両棲類や蛙やがまのような姿をとらせようとします。大地の中でグノームたちは、自分たちがあまりに大地に密着してしまうと、蛙やがまにされてしまう、と感じているのです。ですから、そういう姿にならないためめに、大地にあまり密着しないように、絶えずいそがしく飛び廻っているのです。自分たちの大地としめり気の要素の中に留まりながら、絶えず両棲類の姿をとらされずにすむようにしています。そのためにも、地球外の宇宙の諸理念を保持しています。地球の中にあって、地球外のものを担っていないと、地上的なものと癒着してしまい、両棲類の姿をとらされてしまうのです。

そして地上に対するまさにこの嫌悪と反感から、グノームたちは、植物を大地から成長させているのです。彼らは絶えず自分の力で大地から離れようとしますが、この離れようとする働きが、植物を上方へ成長させるのです。彼らは植物を引っぱり上げます。植物が、根だけを大地に残して、みずからをその根元的な形態から引き離して、上方へ延びていくのは、グノームたちの大地に対する反感のたまものなのです。

水の精ウンディーネ

上方へ延びた植物は、グノームの領界から離れます。しめり気のある地の領域からしめり気のある風の領域へ移ります。そうすると、植物は葉を拡げます。この葉の中には、水の精たち、古代の見霊能力者が「ウンディーネ」と呼んだ四大霊が働いています。ちょうどグノームたちが植物の根のまわりで働いているように、地面の周りには、グノームたちの与えた上昇衝動を好ましく眺めながら、ウンディーネという水の精たちが集まっているのです。

ウンディーネは、グノームと異なった内的本性をもっています。宇宙に対して、いわば霊的な感覚器官のように向き合うことができず、宇宙全体のいとなみの中の、しめり気のある風の要素に身をゆだねることしかできません。ですから、グノームのような明るい精霊なのではありません。

ウンディーネたちは常に夢を見ています。そしてその夢が同時に彼ら自身の姿なのです。彼らはグノームたちのように、烈しく大地を憎んではいませんが、大地を好まず、むしろ水のエーテル要素の中で生き、その中を遊泳しています。彼らはすべての魚を好みません。なぜなら、魚の姿になる危険にさらされているからです。実際、彼らは時折魚の姿になりますが、しかしすぐにふたたび別の姿に変化します。彼らは、自分の在り方を夢見ています。そしてその夢の中で、風の素材を結合し、分解し、そしてまた結合し、分解するのです。彼らはこの風の素材を、神秘的な仕方で、グノームたちが上方へ押し出した葉の中に、持ち込むのです。

図7のように、グノームたちは植物を上方へ押し出します（図の白色の部分）。もしもウンディーネたちがあらゆる方向からやってきて、その夢の意識で、いわば「宇宙化学者」の役割りを演じなかったとしたら、植物はすぐに枯れてしまったでしょう。ウンディーネたちは素材の結合と分解を夢見ます。そうすると、上へ向かう植物は、この夢の中で生き、この夢の中へ延びていきます。ウンディーネの夢は、葉から始めて、素材を神秘的な仕方で結合し分解する宇宙の化学者なのです。

このように、ウンディーネたちは植物生命の化学者です。彼らは化学を夢見ます。彼らの非常に繊細な霊性は、水と風が出会うところで働きます。ウンディーネはしめった要素の中で生きていますが、どこかの表面に——水滴の表面であろうと、他の液体の表面であろうと——いるときが一番気持ちがいいのです。なぜなら、そのときは魚の姿にならずにすむのですから。彼らは、永遠に変化し続ける存在でいたいのです。そしてその変化の過程で、星や太陽や光や熱を夢見るのです。そのようにして、グノームによって上方へ押し出された植物の形態を、葉から更に変容させていきます。そのように植物の成長の過程は、ウンディーネの夢を眼に見える姿として現わしているのです。

植物がウンディーネの夢の中へ成長する度合いに応じて、植物は別の精霊の領域の中へも上昇していきます。それはグノームがしめり気のある地の要素の中で生き、ウンディーネがしめり気のある風の要素の中で生きるように、風と火の要素の中で生きる精霊の領域です。古い本能的な見霊能力者がシルフと呼んでいた精霊たちは、風と火の要素の中で生きています。けれども、風はいたるところで光に貫かれていますから、シルフは光の中へ拡がり、光とひとつになり、風の層のより精妙で、より大きな動きに感応するのです。

風の精シルフ

春や秋につばめが群をなして飛翔し、空気を振動させながら、空気の流れを作り出すとき、シルフはこの空気の流れを聞いています。どんな鳥の作り出す空気の流れをも聞いて、そこに響いている宇宙音楽を楽しんでいるのです。舟に乗って、かもめの飛び交うのを見るとき、かもめの飛翔を通して、霊的な音楽が響いているのです。

そのような響きの中に生き、風の流れを故郷としているのが、シルフたちです。彼らは霊的な響きを伴って流れる風の要素を故郷にしており、この風の振動を通して、光の働きを感じとっています。ですから、本来多かれ少なかれ眠り続けているシルフたちは、鳥が空中を飛翔するところで、もっとも居心地のよさを感じます。或るシルフが鳥のいない空中を通らなければいけなくなると、まるで自分を喪失してしまったかのように思います。空中に鳥の姿が見えますと、シルフはほっと一息つくのです。

私は何度も、自分に対して「私」と言うようになったときの特別な体験のことをお話ししました。『神智学』では、ジャン・パウルの場合を述べました。ジャン・パウルははじめて「私」を意識したとき、まるで魂の隠された至聖所が見えたかのように思えたのです。しかしシルフは、そのような、自分自身の魂の隠された聖域に眼を向けるのではなく、鳥を見るだけで、自我感情に襲われるのです。鳥が風の中を飛翔していくところに、シルフは自分の自我を見出すのです。そのようにして、シルフは、外に自分の自我を点火することで、空中での宇宙的な愛の担い手になります。同時にシルフは、人間の願いのような生き方をするのですが、内部にではなく、鳥の世界の中に自我を持っているので、宇宙の中の愛の願いの担い手でもあるのです。

ですからシルフは、鳥の世界にもっとも深く共感するのです。グノームが両棲類に憎しみをもち、ウンディーネが魚を遠ざけ、魚を見てぞっとするのに反して、シルフは鳥を好みます。鳥の羽根のところに響きを発する風を持ち込めるときは、特に満足を感じます。もしも皆さんが、誰に歌を習ったのか、と鳥にたずねるとすれば、鳥は、シルフが教えてくれた、と答えるでしょう。シルフは鳥の姿が大好きなのですが、宇宙の秩序が、鳥になることを妨げているのです。なぜなら、シルフには別の課題があるからです。それは愛をもって光を植物たちに持ち込むという課題です（図の白と赤の部分）。ウンディーネが化学者であるとすれば、シルフは、植物にとって、光の担い手です。シルフは植物に光を浸透させます。植物の中に光を持ち込むのです。

シルフが植物に光をもたらすと、その光がウンディーネによる化学作用に働きかけます。シルフの光とウンディーネの化学作用とが働き合います（図7参照）。それは注目すべき造形活動です。シルフは、ウンディーネによって加工された素材の助けを借りて、光を用いて理想的な植物形態を織り出すのです。シルフは、光とウンディーネの化学作用とで、植物の中に原植物を織り上げるのです。

そして秋になり、植物が枯れて、物質素材を周囲に四散させますと、この原植物が滴り落ちます。そしてそれをグノームが知覚します。太陽がシルフによって、そして空気がウンディーネによって、植物に働きかけた結果を知覚するのです。グノームは地下で、冬の間、植物から大地へ滴り落ちてくるものを知覚します。宇宙理念を植物形態として受けとめます。シルフの助けで彫塑的に形造られた原植物の理念形姿をです。

植物を物質としてしか理解しない人は、もちろんこういう霊的な理念形姿のことなど、まったく知ろうとはしません。ですから、この経過の代わりに、壮大な錯覚が、物質的に植物を観察する人の前に現れるのです。この恐るべき錯覚のことを、ここでお話ししましょう。

現代の植物学によれば、植物は地中に根を張ります。そして上方へ向かって葉をひろげ、花を咲かせ、花の中に雄しべと、次いで子房を生じさせます。それから花粉が葯から、雄しべから取り出されて、子房が受精します。新しい植物のための種が生じるのです。そして子房は女性的、雄しべから生じるものは男性的と考えられています。唯物的な観点からすれば、それ以外には考えられません。なぜなら、この過程はまさに受精そのものであるとしか見えないからです。

しかし、そうなのではありません。そもそも、植物の受精を、植物の生殖活動を見るのでしたら、次のことを意識していなければならないのです。――先ず偉大な化学者であるウンディーネが植物に生じさせるもの、そしてシルフが生じさせるものから、理想的な植物形態が現れます。そしてこの植物形態が大地に沈み、グノームによって守られます。地中でこの植物形態がグノームによって見られ、守られ、そして大地は、滴り落ちてくるものの母胎となります。ここには、従来の植物学の述べる経過とはまったく異なる経過が生じています。

火の精サラマンダー

植物はシルフの領域を通ったあと、この上のところ（図8参照）で、火の精の領域に到ります。火の精は熱と光のあるところに住んでいます。そして地上の温度がもっとも高くなったときに、熱を集めます。シルフが光を貯えるように、火の精は熱を貯えて、それを植物の花の中に持ち込むのです。ウンディーネは、化学エーテルの作用を植物の中に持ち込み、シルフは、光エーテルの作用を植物の中に持ち込み、火の精は、熱エーテルの作用を植物の花の中に持ち込みます。そして花粉は、熱が種子の中にまで持ち込まれるように、火の精のためにいわば小さな飛行船を提供しているのです。熱は花粉の助けで集められ、花糸から子房の中の種へ移されます。

そしてこの子房の中で造られるのは、全体として、宇宙から来る男性的なものなのです。子房は女性的なのではありません。もしも花粉が男性的だとしたら、花の中で受精の過程が生じないで、男性

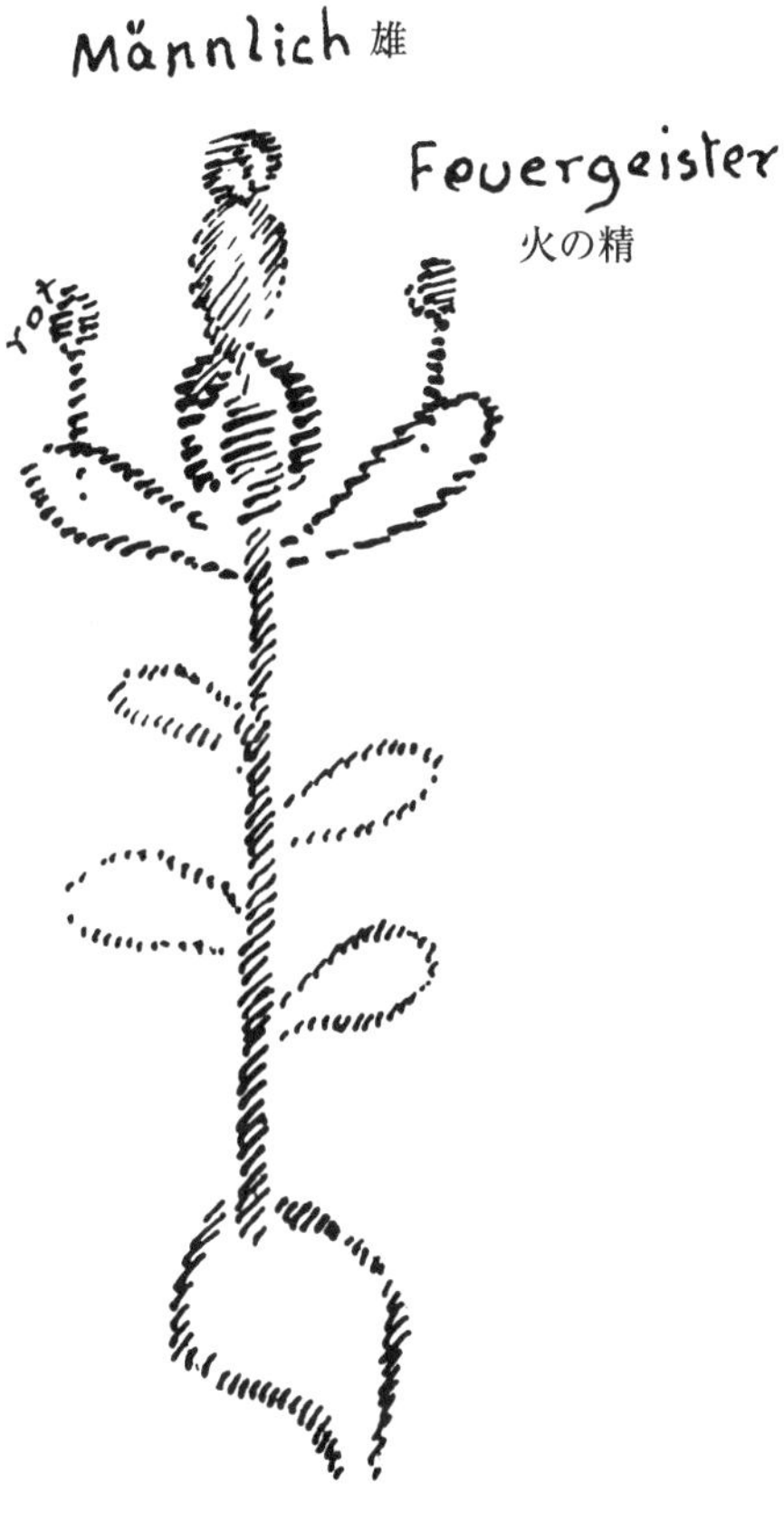

図 8

的な種子だけが造られたでしょう。受精の働きは、花の中の火の精が宇宙の熱から取って来た宇宙の男性的な種子と、あらかじめ大地に滴り落ちた女性的な「植物の理念形姿」との結合から生じるのです。植物にとっては、大地が母であり、天が父なのです。大地の外で生じるものはすべて、植物にとっては、母体ではありません。植物の女性原理が子房の中にあるというのは、大きな間違いです。そこにあるのは、まさに火の精の助けを借りて宇宙から取り出された男性的なものです。植物の女性的なものとは、植物の理念形姿のことで、それは樹皮にも木部にも拡がっている植物の「形成層（カンビウム）」から取り出されるのです。こうしてグノームの働きと火の精の働きとの共同作業から生じるものが受精なのです。基本的にグノームは、植物の生殖行為の霊的な助産婦です。この受精は、冬の間の地中で行われます。それは、種子が大地の中に沈んで、シルフとウンディーネが作り出し、グノームが受け取った理念形姿と出会ったときに生じるのです。理念形姿が受精する種子に出会えるように、ことを運ぶのは、グノームです。

このように霊的な存在を認めず、グノーム、ウンディーネ、シルフ、火の精（以前はサラマンダーと呼ばれていました）が植物の生長と共に生き、共に働いていることを知らないために、植物界の受精過程さえも、曖昧になってしまったのです。

ですから、大地の外では、どんな生殖活動も生じません。大地は植物界の母であり、天はその父なのです。このことはまったく文字通りの意味で言えます。植物の受精は、子房の中の火の精が濃縮された宇宙の熱を葯の花粉という小さな飛行船に乗せて運び、それをグノームが受け取ることによって生じるのです。ですから、火の精は熱の運び手です。

植物の成長は、全体として、このようにして生じます。先ず地中では、火の精の運ぶ熱の助けで、グノームが植物に活力を与え、そして植物を上方へ押し出します。グノームは、生命の育成者として、生命エーテルを根に運びます。グノーム自身がその中に生きている、その生命エーテルを、グノームは根に運び込むのです。更にウンディーネが、植物の中で、化学エーテルを育て、シルフは光エーテルを、火の精は熱エーテルを育てます。次いでふたたび、熱エーテルの成果が、地中の生命と結ばれます。こうして植物は、周囲で生きて働くすべてと結びつけて考察するときにのみ、理解できるのです。植物のもっとも重要ないとなみを理解しようとするなら、霊的な仕方でそのいとなみの中に入っていかなければなりません。

植物の受精

ゲーテには、興味深い憶え書きがあります。その中でゲーテは、或る植物学者と一緒に、人びとが植物の上方における永遠の婚礼について語ることに、すごく怒っています。牧場ではさまざまな草花が婚礼を祝っている、という考え方に、ゲーテは怒ったのです。そういう考え方は、ゲーテにはとても不自然に思えました。本能的に非常に確かな感情が働いていたのです。植物の上の方の花の部分で受精が行われる、というのは、ゲーテの本能からは、理解できないことでした。植物の上部で行われているのは、植物学者のすべてが考えているようなものではないことを、本能的に感じていました。

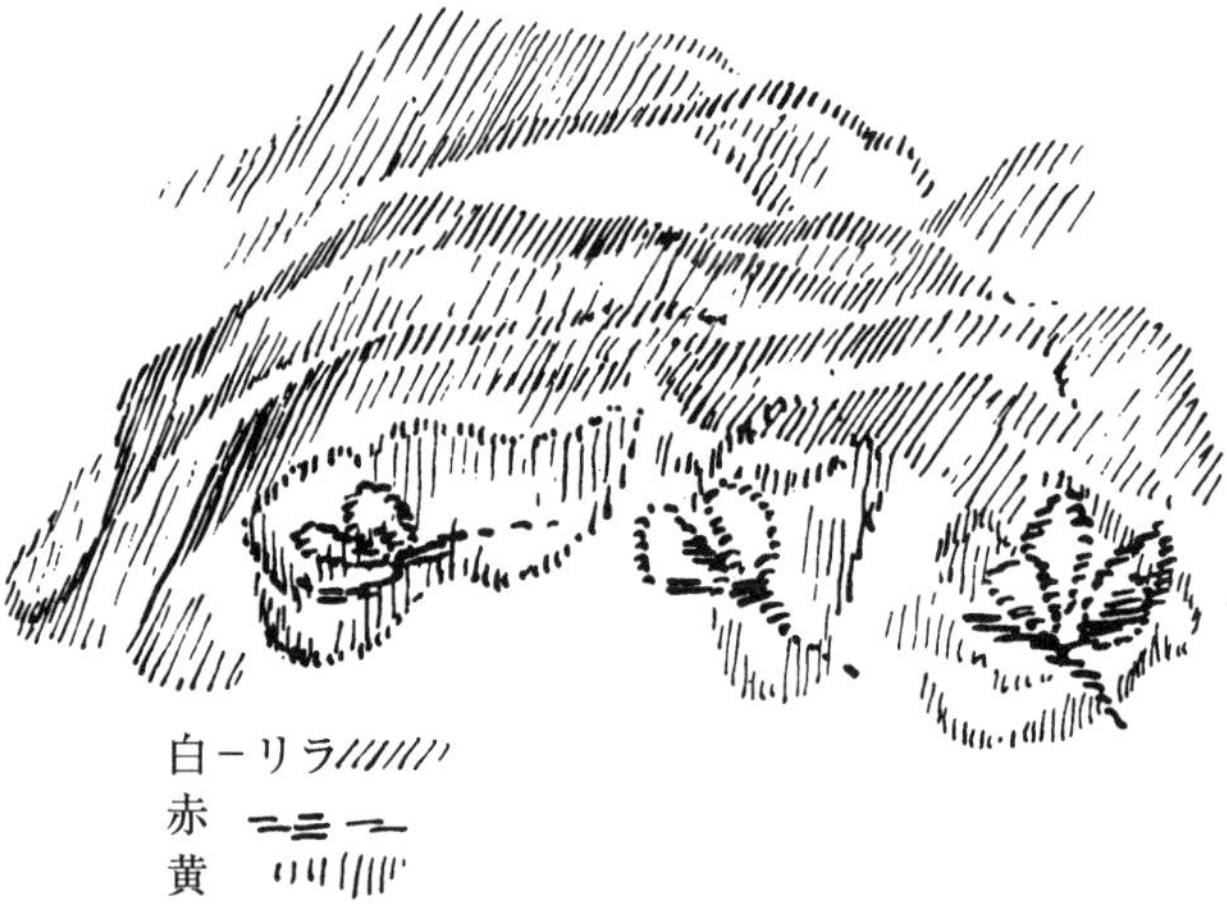

図9

今、私たちは、植物と大地とのこの深い関連をふまえて、もっと別のことにも、眼を向けなければなりません。

上方を飛び廻って、葯の花粉をまき散らす火の精は、ひとつの感情をもっています。その感情は、シルフの感情よりも、もっと高められた感情です。シルフは鳥が飛び廻るのを見て、みずからの自我を感じとるのですが、火の精は蝶の世界、昆虫の世界を見て、もっと高められた感情をもつのです。火の精は昆虫のあとを追うのが大好きです。それによって子房のために熱を伝えます。大地の中へ流し込んで、理念形姿と結びつけるために、高められた熱を担って、火の精は蝶の世界だけでなく、昆虫界全体と深く結ばれていると感じて、花から花へブンブン音を立てて飛び廻る昆虫のあとを追うのです。

私たちが花から花へ飛び廻る昆虫の様子を観察するとき（図9参照）、不思議な感情におそわれるのは、昆虫たちがまったく特別のオーラをもっているからです。それは単なる昆虫のものとは思えないようなオーラなのです。特に蜜蜂は、明るい、見事な輝きをもった、きらめくようなオーラをもって、花から花へと飛び廻っています。一体、どうしてそうなのでしょうか。なぜなら、蜜蜂は常に火の精につきまとわれているからです。霊的に見ると、蜜蜂は本来火の精の姿であるオーラに包まれています。火の精のオーラに包まれて、植物から植物へ、木から木へと飛び廻っているのです。火の精は昆虫の存在するところに自分の自我を感じているのですが、それだけではありません。昆虫と完全に結びついていたい、と思っているのです。

そのおかげで、昆虫たちは、すでに述べた力を得たのです。宇宙の中へ輝き入る力をです。そのおかげで、昆虫たちは、自分の中の物質成分を完全に霊化し、その霊化した物質を宇宙空間の中へ送り込む力を得たのです。

熱が焔になって光を生じさせるように、再び地上に生を受けようとする人間を地上に引き寄せるために、力を宇宙空間へ放射しているのは、地上の昆虫たちです。昆虫たちは、火の精を通して、新たに生まれてくる人間を力づけているのです。火の精たちは、一方では宇宙の中へ熱に貫かれた霊的物質を流し込むために働いていますが、他方で火の精たちは、シルフとウンディーネが大地に滴り落とした霊的形姿をグノームの助けをかりて、呼び覚ますために、集められた火または熱を大地の奥にまでとどくように働いています。

いいですか。このことが植物の成長の霊的経過なのです。そして人間は、芽生え、花開く植物のいとなみが特別なことであると、無意識に予感していますから、植物の存在がまったく不思議な存在に思えるのです。もちろん、この不思議さは、消えません。なぜならこのすばらしい自然の秘儀は簡単には解明されないからです。

自然の秘儀

しかし、ここではっきり申し上げたいのですが、もしも私たちが植物の物質的ないとなみを見るだけでなく、まったく知的と言っていいグノームの地下での働き、植物を上方へ成長させる、すばらしいその働きをも、それに結びつけて考察するならば、植物が与えてくれる喜びは、もっともっと大きくなるでしょう。人間の知性が重力に従っておらず、重たい頭を私たちが重たいとも思わずに、担っているように、グノームもまた、その光の知性をもって大地の力を克服して、植物を上方へ押し上げます。しかし地中で用意された生命の火が化学作用によって煽《あお》られなかったとしたら、その生命は死んでしまうでしょう。その化学作用をうながすのは、ウンディーネの役目です。光が生命に浸透しなければならないのです。

こうして、下から見ていきますと（図10参照）、青黒い部分に重力が働いています。しかしグノームがこの重力に対して、上方へ向かうはずみを与えます。そして植物が上方へ延びていくとき、ウンディーネが成分をまぜたり、分けたりしながら、植物のまわりを動き廻っています。上方からはシル

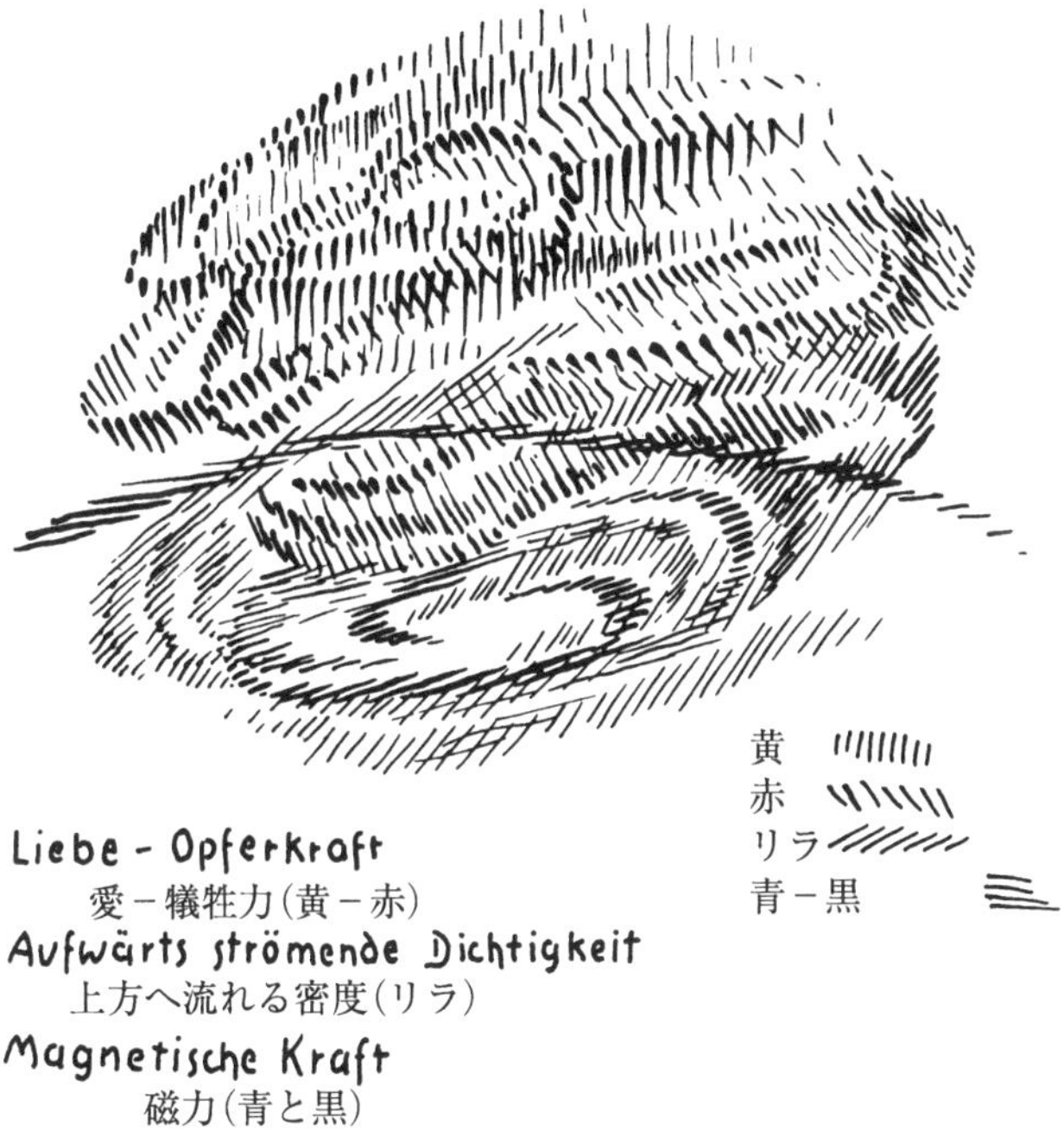
黄
赤
リラ
青－黒
Liebe - Opferkraft
愛－犠牲力（黄－赤）
Aufwärts strömende Dichtigkeit
上方へ流れる密度（リラ）
Magnetische Kraft
磁力（青と黒）

図 10

フたちが、植物の中に光を送り込みます。そうすると、植物は彫塑的な形態をとって生長するのですが、やがてふたたび理念となって、下方へ向かい、大地の母胎に包まれます。そうすると、ふたたび植物は火の精に取りまかれ、小さな胚種の中に宇宙の熱が集中して注がれます。そしてその種子の力がグノームに委ねられるのです。ですからグノームは、地中で火と生命の力に助けられて、植物を生長させることができるのです。

このように、大地の押し出す働き、その固さは、グノームとウンディーネの両生類と魚類に対する反感によっているのです。大地の固さは、グノームとウンディーネが自分たちの姿を保つために必要としている反感によるのです。光と熱が大地に降り注ぐときは、同時に、大気の中を通っていくシルフの愛の力、共感の力と、大地へ降りていこうとする火の精の犠牲の力とが働いているときなのです。植物が成長できるのは、上方へ向おうとする大地の密度、大地の磁気、大地の重力と共に、下方へ降りていこうとする愛の力、犠牲の力が一緒に働いているおかげなのです。下方へ向かう愛の犠牲の力と上方へ向かう密度、重力、磁力とが結び合って、植物が大地の上へ成長していくのです。ですから植物のいとなみは、宇宙の愛、宇宙の犠牲、宇宙の重力、宇宙の磁力の共同作業の外的な表現なのだと言えます。

私たちの心をいつも喜ばせ、高めてくれる植物界に眼を向けるとき、何がそこに働いているのかを、今日は見てきました。物質的、感覚的なものを霊的、超感覚的なものと結びつけて観察することができたときにのみ、植物界の本質が見えてくるのです。このことは同時に、受精が上の方で行われるという唯物論的な植物学の主要な誤りを正すことを可能にします。上の方で受精が行われているのではなく、上方で行われているのは、受精ではなく、植物の男性的な天上の精子が、大地という母胎の中で用意されているものと結合するための準備なのです。

第8講　四大霊と動物（一九二三年十一月三日）

自然の裏面

昨日は自然現象の別の側面について話しました。感覚的＝可視的な自然のいとなみの背後にひそむ超感覚的＝不可視的な本性たちについてです。

昔の本能的な直観は、自然界の背後にある超感覚的世界の本性たちに対して、感覚的存在に対するように、接していました。しかし現在、この本性たちは人間の前から姿を隠しています。私たちは、グノーム、ウンディーネ、シルフおよび火の精たちを、物質的＝感覚的な世界の動物、植物などのようには知覚できません。現代人は、肉体、エーテル体の助けなしに魂と霊の力を発揮することができないからです。地球進化の現段階に生きる人間は、自分の魂を働かせるためにはエーテル体を、自分の霊を働かせるためには肉体を用いなければならないのです。

しかし、霊のための道具である肉体の感覚器官は、物質界の根底に存する本性たちと結びつくことができませんし、魂を発達させるのに必要なエーテル体にも同じことが言えます。したがって、こう言ってよければ、現在の人間は、地上の環境の半分を体験できないでいるのです。昨日述べた四大霊に関わるすべては、人間の体験領域の外で生じています。肉体とエーテル体はそこに到ることができません。ですから今、グノーム、ウンディーネなどを理解できたなら、現代人の体験領域の外に何があるのかについて、少なくとも一定のイメージをもつことはできるでしょう。

下等動物とグノーム

皆さん、地上の世界には無数の下等動物が生存しています。水の中で活動している軟体動物たちは、何も骨格をもっていませんから、内側から自分を支えることができません。この動物たちは、地球進化の最古の生物である人間が、すでに古土星紀において頭部形成のために行ったことを、すでに進化を遂げた地球紀において、今やっとやり始めている存在であり、地球進化のもっとも後になって生じた生物に数えられます。ですから、骨格を形成するあの硬化過程をみずからの内に生じさせるまでには、まだいたっていないのです。

さて、グノームは、骨格がかろうじて示唆されている両生類や魚類にいたるまでの下等動物の世界に欠けているものを、霊的な仕方で補足する役割を果たしています。ですから、この低次の動物段階は、グノームがいることによって、はじめてひとつの全体になるのです。

さて、宇宙における諸存在の相互関係は非常に多様なのですが、これらの下等動物とグノームとの間にも、昨日述べた「反感」ともいうべきものが働いています。グノームは下等動物になりたくないので、そういう姿にならないように心掛けています。グノームは、すでに述べたように、途方もなく賢い、知的な存在です。その知覚は、すでに知性を伴っています。実際、すべてにおいて、下等動物の対極なのです。グノームは、一方では昨日述べた植物の成長のために働き、他方では下等動物の欠けたところを補っています。下等動物の世界にないものを、下等動物に与えています。

下等動物は暗い意識しかもっていませんが、グノームは極めて明るい意識をもっています。下等動物は骨格をもっておらず、骨に支えられていませんが、グノームは重力の支配するすべてを結び合わせ、その時どきの眼に見えぬ重力から自分のからだを形成します。ちなみに、このからだは、成分を失う危険に絶えずさらされていますから、グノームはその都度繰り返して、重力から体を創り出さなければなりません。そのためにもグノームは、自分の存在を救うために、絶えず周囲の事象に注目していです。グノーム以上に注意深い存在は、地上のどこにも見られないくらいです。グノームは、すべてに注意深いのです。自分の生命を救うためには、すべてを知り、すべてを理解していなければならないからです。そして常に目覚めていなければなりません。人間のように、グノームが眠たくなるとしたら、たちまち死の危険にさらされてしまうでしょう。

グノームのこの特質をよく示している、古いドイツの諺があります。「小人のように用心しなさい」、という諺です。小人とはグノームのことに他なりません。ですから、注意深くなるように誰かに警告しようと思ったら、「グノームのように用心しなさい」、とも言えます。

夢の中のグノーム

グノームは本当に注意深い存在です。たとえば、或る教室の皆からよく見える一番前の席に手本としてグノームを坐らせたなら、本当にクラス全員の見習うべき模範生となったでしょう。

グノームには、別の特徴もあります。誰も止めることのできない自由への衝動に充たされていることです。グノーム同士お互いに相手のことをかまったりはしません。周囲の環境世界にしか注意を向けません。グノームは別のグノームのことに興味がないのです。しかし周囲の世界に対しては、どんなことにも関心を寄せます。

さて、私たちの身体は、こういう連中を知覚できずにいますが、身体がもはや妨害しなくなりますと、自然界の可視的な諸事物のように、その姿が現れてきます。十分な意識を保ったまま、睡眠中に夢を体験できるようになった人は、グノームのことをよく知っています。私が週報「ゲーテアヌム」に書いた夢についての文章を思い出して下さい。夢は本来、通常の意識に対しては、本当の姿を現さないで、仮面をかぶっている、と私は書きました。眠っているときの夢は、仮面をかぶっているのです。夢は、私たちの通常の意識がひるま体験したことから、すぐには離れません。日常生活の残滓、記憶または内臓の諸器官が象徴的に現れます。心臓はストーブになり、肺は翼になります。これらは仮面なのです。

もしも人間が仮面の背後を夢に見て、仮面をかぶらずに現れる諸存在と本当に出会うなら、大勢の小人たちを眠りながら見ることでしょう。そのときには、小人たちが向こうからやって来るでしょう。

しかし人間の通常の意識は、これらの事柄を不用意に知覚しないですむように、いわば守られています。そうでないと、びっくりしてショックを受けてしまうでしょう。なぜなら、そこに現れる姿は、人間の破壊する力の模像だからです。人は、自分の中に働く破壊力の本性を、絶えず解体しようとする本性を、すべて知覚してしまいます。それを不用意に知覚してしまいますと、グノームたちは、死を象徴する存在になってしまいます。グノームのことをまったく知らされなかった人が、もしも眠り、グノームに出会うとしたら、グノームはその人をアストラル界に埋葬しようとするでしょう。ですからら途方もない恐怖を感じさせられるのです。なぜなら、アストラル界から見ますと、睡眠に入るときの経過は、私たちをグノームたちが埋葬しようとしている経過なのだからです。

ウンディーネと動物

さて、以上は眠りに入るときのことでした。物質的＝感覚的な世界を更に補足する存在は、ウンディーネです。グノームが大地と共に生きているように、この水の精は絶えず変化しつつ、水と共に生きています。すでに植物の成長におけるウンディーネの役割についてはお話しましたが、補足する存在としてのウンディーネは、より高等な動物、つまり高等魚類、高等両生類と結びついています。この動物たちは、鱗や堅い甲羅をもっています。外側に堅い殻を必要としているのです。この外殻、一種の外側の骨格を動物、昆虫のために用意する力は、ウンディーネの働きなのです。

グノームはまったく下等な動物たちを霊的に助けます。一方、外から自分を守らねばならない動物、たとえば甲羅をまとった動物は、その保護の覆いを、ウンディーネの働きのおかげで得ています。これらのより高等な動物たちに、私たちの頭骨におけるようなものを原始的な仕方で附与するのは、ウンディーネです。ウンディーネはこれらの動物を、いわば頭にするのです。可視的世界の背後の不可視な存在はすべて、生命存在全体を関連づけるために大きな使命を果たすのです。

唯物的な立場で研究しようとすると、今述べた事柄は説明がつきません。たとえば、自分の生活環境よりも堅いとはいえないような下等動物たちが、その環境の中でどのようにして場所を移動できるのでしょうか。それが分らないのは、今述べたグノームたちの霊的な助けのあるのを、知らないからです。他方、甲羅で覆われるという事実も説明がつきません。なぜなら、敏感になって、下等動物にならないようにするために、ウンディーネが自分の成分を放出して、やや高等な動物たちの鱗や甲羅を作っていることを、知らないからです。

そしてこの動物たちのからだは、現代人の通常の意識からすれば、植物の葉やより高等な動物たちを見るようにしか見ることができないので、不便なからだにすぎないのです。

眠りの中のウンディーネ

しかし人が夢のない深い眠りの中で、霊聴によってその眠りを意識化できるようになると、眠りに際してグノームが人間をその中へ埋葬した、あのアストラル界の海の中から、ウンディーネたちが立ち現れてくるのです。ウンディーネが深い眠りの中で、可視的になるのです。

眠りは通常の意識を消し去ります。眠りを明るくする意識は、生成する流動体のこのすばらしい世界を内容としています。ありとあらゆる仕方でウンディーネの変容のために逆巻く流動体のすばらしい世界をです。私たちの昼の意識が、はっきりと輪郭づけられたものを周囲に見ているように、睡眠中の明るい意識は、常に変化し、海のように波立ち、そして沈み込む本性たちを見ています。深い眠りは、人間の周囲の生きものたちの波立つ海に、ウンディーネの波立つ海に充たされているのです。

シルフと動物

シルフの場合は違います。シルフも一定の動物たちの補足をなしているのですが、別のやり方をしています。グノームとウンディーネは、頭の欠けている動物たちに、頭らしきものを補足するのですが、それに反して、すでに述べたように、鳥は本来、純粋な頭です。全体が頭部系なので、シルフはその鳥のために、霊的な仕方で、鳥に欠けているものをその頭部系に加えるのです。

シルフは鳥類のために、代謝＝肢体系を補足するのです。未発達な足をもつ鳥が空中を飛翔するとき、シルフは、肢体を力強く発達させた牛が下方の地上で働かせているものを、霊的な仕方で、空中で鳥のために働かせるのです。ですから昨日、シルフは鳥類の中にみずからの自我をもつ、と言いましたが、この自我がシルフを地球に結びつけているのです。人間は地上でみずからの自我を得ます。シルフを地球と結びつけているのは、鳥類なので、シルフは、鳥類のおかげで、みずからの自我を得ています。少なくとも、みずからの自我意識をです。

夢の中のシルフ

さて、人間は夜、深い眠りにつきますと、アストラルの海が周囲に現れます。この海は、多様極まりないウンディーネの形態から成り立っています。そして朝、目覚めるとき、目覚めの夢を見ますが、もしもこの目覚めの夢が、生活の残像や内臓の働きの象徴像ではなく、仮面をかぶらぬ夢であったならば、人はシルフの世界をまのあたりにするでしょう。しかしそのときのシルフは、奇妙な姿をとっているでしょう。まるで太陽が、私たちを霊的に眠り込ませようとしているような、そういう姿をとっていたでしょう。なぜそうなのかは、今お話しします。

仮面をかぶらぬ目覚めの夢を意識して見ることができた人は、光が羽ばたきながらやってくるような情景を夢に見たことでしょう。シルフたちの肢体は、私たちを織り糸で包み込んでしまうので、私たちにとってその情景は、あまり気分のよいものではありません。まるで光が四方八方から自分を攻撃してくるように感じられます。光が、私たちの非常に感じやすい何かとなって、私たちを襲ってくるかのようです。まるで私たちのからだが光にくすぐられているかのような感じです。私がこういう言い方をするのは、私に触れてくるこの光が、シルフの姿でやってくることを暗示したかったからです。

火の精と動物

火の精たちは、はかない蝶の本性を補足しています。蝶は、自分の物質体を発達させないで、可能な限り薄いからだにしておこうとしています。そしてその分、光の存在になっているのです。火の精たちは、その蝶たちのからだを補おうとしています。次のようなイメージを作ってみて下さい。一方で物質体としての蝶を、人体ほどに拡大します。他方で火の霊を考えます。蝶と火の霊とが一緒にいることはめったになく、昨日述べたような場合だけなのですが、私たちが両者を一緒にくっつけますと、そこに翼をつけた人間のような存在がイメージできます。それには、蝶をふさわしい大きさにし、火の精をその大きさに合わせて考えなければなりません。そうすると、翼のある人間をそこからイメージできるのです。

このことは、火の霊が本来、もっとも霊的なものの近くにいる動物の補足をしていることを示しています。火の霊は、いわばからだの下部を補足するのです。グノームとウンディーネは、からだの上部を補足します。頭の方へ向けてです。シルフと火の霊は、下方へ向けて、蝶や鳥たちの補足をします。ですから私たちは、蝶と火の霊を一緒にさせなければなりません。

覚醒時の火の精

さて、人間はこうして、眠っているときの夢の中に入っていくことができますが、それと同じ仕方で、目覚めているときの日常生活の中にも入っていくことができます。しかしその場合の人間は、粗雑な仕方で自分の肉体を働かせます。私はこのことも、「ゲーテアヌム」誌の論文の中で何度も述べました。日常生活の中で、私たちは、いつでも火の精を見ることができるのに、そのことにまったく気がついていません。実際、火の精は、人間の思考内容、人間の頭脳から出てくるすべてに対して、内的に親和した関係にあるのです。

もしも私たちが目覚めた日常意識にとどまりながら、或る意味で自分の外にいることができたとしたら、つまり、まったく理性を失わずに、しっかりと両足で大地に立っていながら、同時に自分の外にいるという、自分であり、かつ自分に対峙する思考存在として自分を考察できたなら、そのとき私たちは、自分の思考内容を知覚できるようにしている要素と同じ要素を、火の精が外の世界でも形成しているのを知覚できるでしょう。

このように、火の精を知覚するというのは、私たちが自分自身を思考する人として見るようになる、ということなのです。考える人として思考内容を脳から生み出すだけではなく、思考内容の経過を見るようになるのです。ただそうなると、思考内容は私たちに結びつくのをやめて、宇宙思想となります。宇宙の中の衝動となって生き始めるのです。その時には、これまではまるで頭蓋骨の中で思考しているのと思い込んでいたのに気づかされます。思考内容は、頭の中では、ただ映し出されているだけです。映像だけがそこにあるのです。思考内容はもともと、火の精の領界で生じるのです。私たちが火の精の領界に入っていくと、思考内容の中にいる自分を見るだけでなく、宇宙の思考内容を霊視内容として見るのです。思考内容を宇宙の思考内容として示してくれる力が中から出てくるのです。

多分次のように言ってもいいでしょう。人体からではなく、火の精の領界から、つまり地球の中にまで突き出ている土星本性から、地上存在を眺めるなら、『神秘学概論』の中で述べた地球の進化のイメージが正しく持てるようになります。『神秘学概論』は、火の精の側から見ると、思考内容が宇宙の思考内容となって現れる、ということを表現しているのです。

皆さん、こういう事柄は、深く現実的な意味をもっています。こういう事柄は、人間のためにも深く現実的な意味をもっているのです。

邪悪な四大存在

グノームとウンディーネを取り上げますと、それらは人間の意識界に隣接する世界に存在していきます。私たちの通常の意識は、これらの存在たちを見ないように守られています。なぜなら、これらの本性たちのすべてが善良なのではないからです。善良な精たちは、昨日述べたように、たとえば植物の成長のために働いています。しかしすべての精たちが善良なのではありません。

この精たちの領域に参入する瞬間に、善良な精たちだけでなく、邪悪な精たちも現れます。どれが善く、どれが悪いのか、区別したくても、その区別は、容易ではありません。ですから、ここでは、邪悪な精たちのことにも触れて、なぜこの区別が容易でないのかを知っていただこうと思います。邪悪な精たちは、善良な精たちが主に植物界と鉱物界で働くのに対して、常に動物界と人間界にとどまりたいと望んでいます。さらにより邪悪な精たちは、植物界と鉱物界にも関わろうとします。ここでは人間や動物に働きかけようとしている精たち、高次ヒエラルキアが植物界と鉱物界のために善良な精たちに与えている役割を、人間の中で果たそうとしている精たちに眼を向けて、邪悪さの意味を理解できるようにしたいと思います。

グノームとウンディーネの中の邪悪な精たちは、人間と動物に働きかけ、本来は下等動物に与えるべきものを、物質的な仕方で、人間に生じさせようとしています。そんなことをしなくても、人間の中にはすでに存在しているのです。それを人間の中で物質的に生じさせようというのです。動物の場合も同様です。だからこの邪悪なグノームとウンディーネのいるおかげで、人間と動物の中で、下等な動物または植物が寄生虫となって生きるのです。邪悪な精たちが寄生虫の産みの親なのです。

しかし人間は、霊界の境域を超えると、その瞬間、すぐに世界の策略にまきこまれます。霊界のいたるところには、罠が仕掛けられています。ですから私たちは、小人たちから注意深さを学ばなければなりません。しかし、たとえば心霊術師たちは、いたるところに罠があるのに、まったく不注意なのです。

それでは一体、どうしてそのような邪悪なグノーム、ウンディーネたちがいるのでしょうか。どうして寄生虫を生み出すのでしょうか。

もしこのような精たちがまったく存在していなかったとしたら、人間は自分の脳を形成する力を発達させることができなかったでしょう。ここに私たちにとっての特別に重要な事情が存在しているのです。

脳と排泄物

人間を、下部の代謝＝肢体人間、中間部の胸部＝律動人間、頭部の神経＝感覚人間に分けて考えて見て下さい。下部の代謝系のところに諸経過が生じ、律動人間のことは考えずにおきますと、上部の頭部系のところにも諸経過が生じます。下部で生じる事柄には本質的に、通常の生活では軽蔑されている腸や腎臓からの排泄作用があり、すべての排泄過程は下へ流し出されます。私たちは大抵、この排泄過程を単なる排泄過程だと思っていますが、そう思うのはナンセンスです。それは単なる排泄なのではなく、排泄過程を通して、下部の人間の中に、上部に存在する脳と同じ働きが霊的に現れるのです。

下部の人間に生じる経過は、物質的には発展の途上にあります。排泄が生じるのは、事柄が霊的なものに移行するためなのです。上部の経過は完成されていますが、そこでは、下部での霊的な過程が物質的に生じています。私たちは、上部に物質的な脳をもち、下部に霊的な脳をもっているのです。

そして下での排泄過程が更なる経過を辿り、作り変えられていくならば、究極のメタモルフォーゼとして、そこに現在の人間の脳が現れることでしょう。

人間の脳は、排泄物のさらなる形成物なのです。このことは、たとえば医療にとっても、非常に重要なことです。十六、十七世紀の医師たちは、このことをまだ知っていました。現在の人は昔の汚物薬剤のことを、非常に否定的な仕方で語ります。或る意味では正しいことですが、しかし汚物の中にいわゆる「霊のミイラ」が存在していたことを知らないからそう語るのです。過去数世紀の間に汚物薬剤として機能していたものは、もちろん薬局のはずはありませんが、今述べたように、深い存在関連を示す多くの事実を示していたということを申し上げたかったのです。

脳は排泄物の高次のメタモルフォーゼなのですから、脳の病気は腸の病気と関連しており、そして脳の病気の治療と腸の病気の治療も関連しているのです。

毒物の発生

さて、グノームとウンディーネが共に生きる世界には、下部人間に寄生虫を発生させる力が働いていますが、このグノーム、ウンディーネの力は同時に、上部人間において排泄物を脳に変容させる働きをしています。人間は、もしもグノームとウンディーネが世界に存在しえなかったなら、脳をもつことができなかったでしょう。

グノームとウンディーネが破壊力を働かせる一方で、――破壊作業は脳からも生じるのですが――その一方で、シルフと火の精は建設作業を行っています。有益なシルフと火の精は、人間や動物から離れて、前に述べたような仕方で、植物の成長のために働きます。しかし有害なシルフ、火の精たちもいて、上方の空気と熱の領域にのみ存在すべきものを、水と地の領域に運び込みます。

たとえば、シルフが上方の領域から水と地の領域へ、上方に属しているものを運び下ろすときに何が生じるのかを調べますと、ベラドンナに行き当たります。ベラドンナは、その花にシルフの――もしそう言うことが許されるなら――キスを受けた植物です。そしてその結果、有益な汁である筈のものが、有毒なものに変わったのです。

そこには、いわば「領分の転移」とでも言うべき現象が生じています。シルフが抱擁力を発揮する場所が、光に照らされているところであれば、正当なのです。鳥たちはシルフの抱擁を望んでいます。ところがシルフが下へ降りてきて、上でやるべきことを下の植物界で行うとき、植物からは激しい毒が生じます。グノームとウンディーネによって寄生虫が生じ、シルフによって毒が生じるのです。

この毒は本来、あまりにも大地深くにまで流れ込んできた天上的なものに他なりません。人間や或る動物たちがベラドンナの実を食べると、死んでしまいます。ベラドンナの実は、桜んぼうのように見えますが、萼の中に隠れていますので、萼を下へ押し下げないと、ベラドンナの実がよく見えません。猛毒のある実なのに、つぐみやくろうたどりは、ベラドンナの上にとまって、それを極上の養分としています。ベラドンナの成分が、鳥の領域に属しているからです。

本来、下半身が大地と結びついている動物や人間が、大地のベラドンナのそこなわれた成分から毒の作用を受け、一方つぐみやくろうたどりのような、ごく普通の鳥はそれを平気で食べている、というのは、とても注目に値する現象です。この鳥たちは、霊的な仕方で、シルフからその実を食べても平気でいられる力を受けとっています。だから上方のシルフの領分のものが下へ担われていても、平気でそれを食べることができるのです。大地に結びついているものたちにとっては毒であっても、鳥たちにとっては養分なのです。

このように、もう一方ではグノームとウンディーネによって寄生虫が大地から他の存在へ伝わっていき、もう一方では毒が上から滴り落ちてきます。

これに反して、火の精たちが蝶の領分に属する衝動、蝶の生活に役立つ衝動に充たされ、それを果実の中に持ち込むときには、アーモンドが、それも毒のあるアーモンドが生じます。この毒は火の精によってアーモンドの実の中に持ち込まれたのです。そして、もしも好ましい仕方で同じ火の精たちが他の果実の食べられる成分を燃やさなかったなら、そもそもアーモンドの実は、生じることができなかったでしょう。どうぞアーモンドを観察してみて下さい。他の果実の場合、中心に白い核があり、その周りに果肉がついているのですが、アーモンドの場合は、中心に核があり、その周りの果肉はすっかり燃焼しています。これは火の精のやったことです。そしてこの燃焼活動の度が過ぎると、火の精のやることが、褐色の皮に働きかけて、よい作用を及ぼすだけでなく、皮だけに生じるべきものが、アーモンドの白い核の中にまで作用して、そのアーモンドを毒のあるものにしてしまいます。

以上で、物質界のすぐ向こう側に存在する精霊たちが、自分の衝動を発揮して、寄生生物や有毒物の、つまり病気の担い手になる場合について、説明しました。こうして健康と病気との違いが見えてきます。病気は、悪意ある精霊たちと関係しているのですが、その一方で、精霊たちは、自然の成長、発芽と衰退、破滅とを可能にするために存在していなければならないのです。

四大霊を霊視する

このことは、基本的には、古代の本能的な見霊能力によっても知られていました。ブラフマン、ヴィシュヌ、シヴァがインド人の直観によって知られていたようにです。インド人にとって、ブラフマンは宇宙における作用力をあらわしており、ヴィシュヌは、絶えず建設されたものを取り払い、それを変化させる働きを示しています。そしてシヴァは破壊力に関連したすべてをあらわしています。インド古代の高度文化においては、ブラフマンは火の精やシルフと内的に親和した存在であり、ヴィシュヌはシルフやウンディーネと、シヴァはグノームやウンディーネと親和しています。このような古代のイメージの中には、自然の根底にひそむ秘密として、今日の私たちがふたたび探求しなければならないものが生きいきと表現されていたのです。

昨日は、これらの眼に見えない精霊たちと植物界との親和関係を考察しました。今日はこれらの精霊たちと動物界との親和関係を考えました。そのいたるところで、境域のこちら側の存在たちが境域のあちら側の存在たちへ働きかけ、境域のあちら側の存在たちが境域のこちら側の存在たちへ働きかけています。この両方の存在たちの生きいきとした相互作用を知る人だけが、眼に見える地上の世界がどのように発展していくのかを理解します。人間にとっては、超感覚的な内面世界の認識は、非常に非常に、必要なのです。

人間が死の門を通過する瞬間に、周囲にはもはや感覚的世界が存在しなくなり、別の世界が自分の世界になり始めます。現代という時代を生きる私たちは、もしもこの別の世界へ赴けるように、物質界の中で指示している文字が読めなかったなら、別の世界へ行くことはできないでしょう。陸の動物の中に、水の動物の中に、空気の動物の中に、そして敢えて言えば、光の動物である蝶の中に、死から新しい誕生までの間の私たちの同居人である四大存在たちを指示している文字が記されているのです。その文字を読むことができなかったなら、別の世界へ赴くことはできないのです。しかし私たちがこれらの動物たちについて今見ているのは、地上の誕生から死までの間においては、その本来の存在の粗野な分厚い部分だけです。私たちは、洞察力と理解力をもって、超感覚的な世界へ赴くときはじめて、動物の超感覚的な部分をも認識することを学ぶのです。

第9講　四大霊の生活と活動（一九二三年十一月四日）

グノームの地球体験

感覚世界の存在たちのことを知るには、その存在たちの生活と活動を観察しなければなりません。同じことが、この連続講義で今お話ししている自然の四大存在たちについてもあてはまります。この存在たちは、不可視的、超感覚的に、物質世界の背後に生きていますが、この世の出来事のすべてに、感覚的＝物質的存在と同じように、もしくは更に高次の意味で、関わっているのです。

この存在たちにとっての世界は、感覚世界の存在たちにとってとは別様に現れています。この存在たちは、感覚世界の存在たちとは異なり、「物質体」をもっていませんから、彼らが把握し、知覚する世界は、人間の眼に映じる世界とは別様に現れます。たとえば、人間にとっての地球は、その上を歩き廻ることのできる陸や海です。時折は、この陸地も大気の状況次第で、柔らかくなって、歩くときに少し足が大地に沈み込むのですが、そうなるだけでちょっと不快な感じがします。人間は、大地を固いものと感じたいのです。

こういう感じ方、こういう地球への関わり方はすべて、グノームにはまったく無縁です。グノームは、いたるところで沈み込みます。なぜなら、グノームにとっての地球体は、どこへでも行ける虚空間なのですから。グノームはどこへでも行くことができます。岩石も、金属も、歩き廻るのを、それとも泳ぎ廻るのをと言うべきでしょうか、妨げたりはしません。地球体の中をさまようグノームたちを表現する言葉は、私たちの言語の中にはありません。地球のさまざまな成分について、彼らは内的な感情、内的な体験をもち、鉱脈に沿ってさまようときと、石灰岩層に沿ってさまようときとでは、異なった感じ方をします。内的な仕方ですべてを感じとりながら、すべての中を通り抜けていきます。そして地球が存在しているとはまったく考えていません。ただ異なる感情を体験する空間があると考えています。金の感情、水銀の感情、錫の感情、珪酸の感情などがあるのですが、しかしこれらは、人間の言語で述べているので、グノームの言語で述べたのではありません。グノームの言語は、はるかに直観的です。

本来、グノームは生きている間、すべての鉱脈、すべての岩石層を走り廻ります。繰り返して走り廻ります。皆さんにお話ししたように、際立った知性で走り廻り、そうすることで包括的な知識を得ます。実際、金属や大地の中で、外の大宇宙にあるすべてがグノームに開示されるのです。外の大宇宙にあるすべてを、鏡の中でのように感じるのです。しかし大地そのものを、グノームは何も見ていません。ただ大地のさまざまな成分、さまざまな種類の内的体験だけをもっているのです。

グノームの月体験

しかしそのかわり、グノームは月から来る印象に特別敏感です。グノームは常に注意深く、月に耳を傾けます。その点でグノームは、「生まれながらの」とは言えませんが、「本質的に」神経症患者なのです。人間の場合の病気は、グノームにとっては、生きている証《あかし》なのです。病気ではなく、当然の在りようなのです。この敏感さが、すでにお話ししたすべてを、心から受け容れるようにグノームを促しています。しかしグノームは、特に月の変化を心から受け容れようとします。月の変化に心からつき従うので、この内なる注意力が、グノームの姿をも変化させてしまうくらいなのです。ですから満月のとき、新月のとき、その中間の半月のとき、グノームはまったく異なる印象を与えます。

満月のときのグノームは、不快な気分に陥っています。眼に見える月の明かりは、グノームの好みに合いませんので、満月になると、いわば霊的な皮膚で自分を包み、自分の存在感情で自分のからだをぴったりと包み込みます。その様子を霊視しますと、満月のとき、鎧兜に身をかためた小さな騎士が輝いて見えます。身につけている霊的な鎧兜は、好きになれない月の光から身を守るために、皮膚の外へ押し出したものなのです。

しかし新月に近づきますと、グノームは見事なまでに透明になります。透明な中に、光り輝く色のたわむれが見えます。まるでひとつの世界がその中に現れているかのようです。人間の脳の中を見るときのようですが、細胞を調べる解剖学者にとっての脳のようであるだけでなく、多様な思考内容がその中で輝いて見えるのです。グノームという小さい透明な存在の中で、思考のいとなみがさまざまに現れるのです。新月のときのグノームは、本当に興味があります。グノームのそれぞれがひとつの世界を担っており、そして、この世界の中に、月の秘密が現れているのです。

月の秘密とは、月が現在、ますます地球に近づいている、ということです。月が地球に急接近しているわけではありませんが、毎年少しずつ近づいているのです。グノーム界では、新月のとき、月の諸力が活発に働いているのですが、この働きの中に、この接近を見てとることができるのです。グノームという「小人」たちは、この接近に特別注意を向けています。なぜなら、グノームへの月の働きかけを実りあるものにすることが、宇宙におけるグノーム本来の使命なのだからです。グノームは大きな期待をもって、月がふたたび地球と結びつく時を待っています。そしてその時のために、あらゆる力を結集して、用意しています。その時、グノームは月の成分を利用して、地球が全宇宙の中にその成分のすべてを拡散させるようにしようとしているのです。地球の成分は、すべて放出されなくてはなりません。

この課題に応えようとするグノームは、自分のことを特別重要な存在だと感じています。グノームがこの地球の中でありとあらゆる経験を集めて、地球のすべての成分を宇宙の中に拡散させると、その後、木星紀が始まるのです。そしてグノームは、地球の中の善なる部分を保持して、それを木星紀

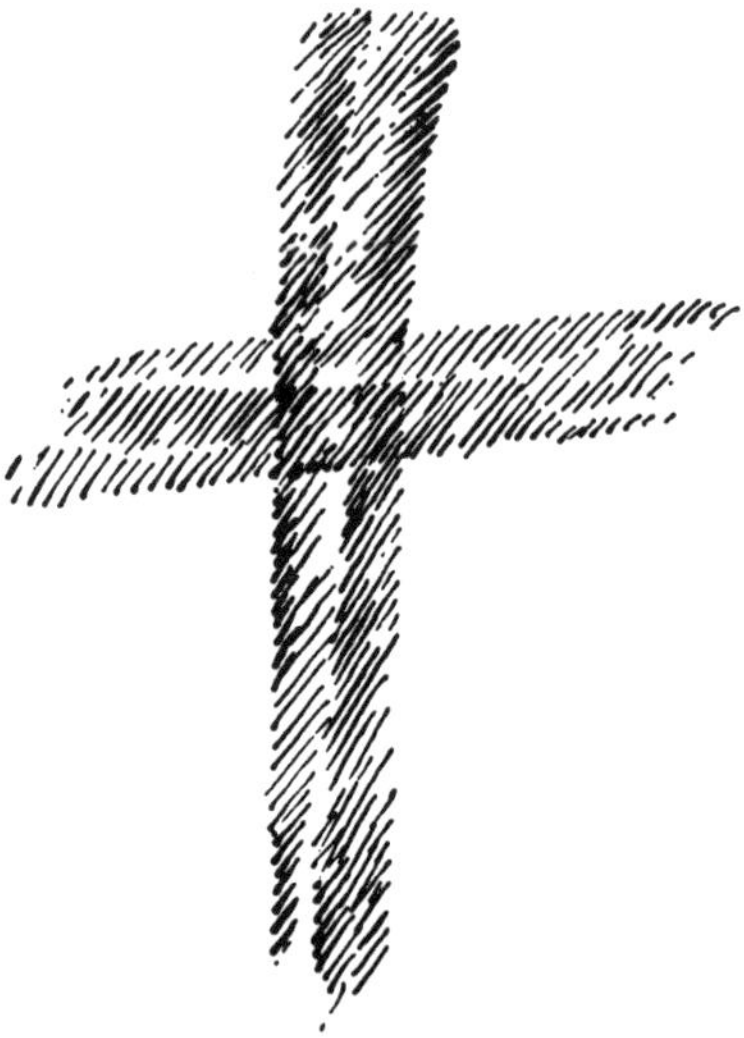

図11

の骨組みにするために働くのです。

グノームのこの働きを理解するために、一度、次のような状況を思い浮かべて下さい。——地球上から一切の水分がなくなってしまったときの様子です。地球の西半球は、すべてが北から南へ方向づけられ、地球の東半球は、すべてが東から西へ方向づけられています。ですから、地球上に水分がなくなりますと、アメリカの山岳地帯と海面下の地形が北から南へ向かって現れます。ヨーロッパの方を見ると、アルプス、カルパチア山系などに対応する地形が東半球の方向へ延びて見えます。そして地球の中に十字架の構造のようなものが見えてくるのです（図11参照）。

この地形をよく見ると、それが古月紀

のグノーム界である、という印象を受けます。私たちの地球紀のグノームの先祖は月紀のグノームであり、月紀のグノームは月紀での経験を集めて、それをもとに固い地球の構造を作り上げたのです。地球の固い地形は、月紀のグノームの経験から作り出されたのです。

このように、グノームは宇宙の進化全体と非常に興味深い関わりをもっているのです。グノームは常に、以前の状態の固い部分を後の状態の固い部分に持ち込みます。宇宙進化の中で、固い構造を持続させているのが、グノームなのです。

ですから、宇宙体から宇宙体へ、固い構造を保ち続けます。超感覚的世界のこの霊的存在たちのところへ出かけて、その特別の使命を調べることは、もっとも興味深い霊学研究のひとつです。そうすることによって、宇宙の一切の存在が、宇宙全体の形成に協力し合っていることが分かるのです。

ウンディーネの供犠

ここで、グノームから水の精であるウンディーネに眼を向けてみましょう。そうしますと、非常に注目すべき世界が現れます。この精たちは、人間や動物のもっているような、生きようという欲求をもっていないどころか、シルフもそうなのですが、むしろ死への欲求をもっているのです。ウンディーネもシルフも、焔の中へ飛び込んでいく、一種の宇宙的な「虫」のような存在です。死んでいくときはじめて、生きている実感をもつのです。

この物質界においては、すべての生きものが生きようとしています。生命力を担って、生きようと努力しています。しかし向こうの世界へ行くと、すべての存在たちにとって、死ぬことが、生の正しい始まりなのです。この精たちは、このことを知っています。ウンディーネの場合を取り上げてみましょう。

多分御存知かも知れませんが、経験を重ねた船員たちは、バルト海では、七月、八月、九月に、もっと西へ行くと、すでに六月には、「海が花咲き始める」、とよく言うのです。海面に何かが浮遊し始めるのです。それは海が腐敗した結果です。海の腐敗は、独特の腐ったにおいを発生します。しかしウンディーネにとって、それは不快な現象ではありません。何百万、何千万という海の動物たちが死んで腐敗するとき、その海は、ウンディーネにとって、すばらしい燐光を発して多彩に輝いているのです。海面も海中も、特に青、紫、緑の色彩に輝いています。腐敗した海は、緑にいたる暗い色の輝きに包まれます。これらの色彩は、ウンディーネにとっては、実在しているのです。ウンディーネは海のこの色彩のたわむれを、自分の中に受け容れます。自分のからだの中に取り込むのです。自分が色のたわむれと化し、自分が燐光になるのです。そうすると、上の方へ行きたい、上の方へ浮遊したい、という抑え難い憧れが生じます。そして天使、大天使などの高次のヒエラルキア存在たちに、みずからを地上の養分として提供するのです。そのことに浄福感を感じて、高次のヒエラルキアの中で、更に生き続けるのです。

この精たちは、計り難い深みの中から、毎年早春になると、現れます。そしてすでにお話ししたように、植物に働きかけ、地球の生命活動を共にするのです。

しかし、それからこの精たちは、自分を水の中に注ぎ込みます。自分のからだで腐敗した水の燐光を受容し、抑え難い憧れに駆られてその燐光を上方へ担います。私たちは、壮大な宇宙の情景として、地球の水中から生じ、ウンディーネに担われた色彩が、霊的な成分として、高次のヒエラルキア存在たちの養分に供され、そして更に、ウンディーネが、憧れに駆られて、高次の存在たちに食べられてしまうとき、地球が高次のヒエラルキアの養分の供給源になっているのを、見ることができるのです。しかし食べられたウンディーネたちは、生き続け、永遠の存在になるのです。こうして毎年、ウンディーネの上方への流れが生じるのです。ウンディーネの内部は、地球から作られているのですが、養分となって高次の存在たちに供せられたいと憧れつつ、輝きのぼるのです。

シルフと鳥のアストラル成分

では、シルフはどうでしょうか。一年の経過する間に、鳥が死んでいきます。すでに述べたように、死んでいく鳥は、霊化された成分をもっているのですが、地球から上昇するために、この霊化された成分を高次の存在たちに委ねます。しかし、それには仲介者が必要です。この仲介者が、シルフなのです。実際、死んでいく鳥たちによって、空気は絶えずアストラル成分で充たされます。その成分は、低次のアストラル成分ではあっても、アストラル成分であることに変りありません。

このアストラル成分の中を、シルフたちが、「羽ばたいている」、というのが適当でなければ、「浮遊している」のです。そして死んでいく鳥のアストラル成分を受けとり、憧れを込めて、それを高次の存在たちの呼吸に供するのです。シルフは高次の存在たちの呼吸なのです。

ここにも何という壮大な光景が展開していることでしょう。鳥が死ぬと、内的に輝くそのアストラル成分が、空気になります。シルフは、青い稲妻のように、その空気の中で光を発しつつ、この青い稲妻の中へ、まず緑になり、次いで赤く輝く鳥のアストラル成分を取り入れ、そして上の方へ向けて光る稲妻のように、一気に上昇します。この経過を空間の外にまで辿っていくと、シルフは高次のヒエラルキア存在たちによって、呼吸されているのが分かります。

このように、グノームが宇宙の構造を別の宇宙にまで担っていくときは、これは比較するために言うだけなのですが、進化を「水平の方向へ向けて」進みます。ウンディーネとシルフは、高次の存在たちの仲間になって、呼吸されるために、浄福感と共にみずからの死を、上方へ運び、そして高次のヒエラルキアの中で生き続けます。そして永生を実感します。

地球がまとう火のマント

次に火の精についてなのですが、考えてみて下さい。蝶の羽の鱗粉は、死んでいく蝶と共に、無に帰してしまうのでしょうか。そう考えるのは、正しくありません。蝶の羽《はね》から落ちるものは、非常に霊化された物質なので、そのすべては、ごく小さなすい星のように、地球を取り巻く熱エーテルの中へ流れていきます。鱗粉の一つひとつが、地球の熱エーテルの微小なすい星なのです。毎年、蝶が死ぬと、すべてがほのかに輝きを発します。そしてこの内なるほのかな輝きの中に、火の精が流れ込み、それを取り込みます。そうすると、火の精の中で、ほのかな輝きが現れて、火の精を憧れで充たし、火の精は、憧れに促がされて、その輝きを上方へ運びます。

すでに述べたように、火の精によって運ばれた蝶の鱗粉は、宇宙空間の中で輝きますが、その輝きは、外へ輝き出ます。流れ出るだけではなく、高次のヒエラルキアの霊たちの見る地球の姿をも示しているのです。高次のヒエラルキアの霊たちが地球を見るとき、特に火の精に担われた蝶や昆虫を見るのです。火の精は、自分が高次のヒエラルキアの霊眼の前に立っている、とを感じることが、最高の喜びです。ですから、火の精は高次のヒエラルキアに近づいて、地球のことを伝えようと努めるのです。

このように四大存在たちは、地球と霊的宇宙とを仲介しています。高次のヒエラルキアの光と焔の海の中に養分となって消えるウンディーネ。地上的なものが永遠的なものに移行するところで呼吸される、シルフのきらめく緑と赤の稲妻。火の精の行為の永遠の持続。地上で鳥たちが死ぬとき、鳥たちの残したものが宇宙の中に注がれるようにするのは、火の精たちの働きなのです。このように見てくると、地球は一種の火のマントをまとっている、と言うことができます。

外から見ると、地球は火の玉のように見えます。人間とはまったく異なる仕方で地球を見ている存在たちの眼に、地球全体がそのように現れるのです。人間にとっての地球は、人間が立ったり歩いたりすることのできる固い成分から成り立っていますが、しかしグノームにとっての地球は、通過できる、空の球体なのです。

ウンディーネにとっての水は、燐光を知覚するところであり、燐光を受けとり、体験するところです。

シルフにとって、死んでいく鳥たちから生じる空気のアストラル的な成分は、自分をこれまで以上に輝く稲妻にしてくれるものなのです。いつものシルフは、色あせた、青っぽい閃光なのですが。

そして更に、蝶が死ぬと、そのことが火の容器のようになって、地球を包むのです。まるで地球はすばらしい火の光景に取り巻かれているかのようです。そして地球の一角から見ると、燐光をはなち、そして消えていくウンディーネの稲妻がきらめきます。そのように、地上では、これらの精たちが生きて働き、そして上方へ向かい、地球の火のマントのところで消えます。しかし彼らは、本当はそこで消えてしまうのではなく、高次のヒエラルキア存在の中に移ることで、永遠の生を得ているのです。

人間が四大存在と共に演じるドラマ

そこに見ることのできるものはすべて、すばらしい宇宙ドラマのように現れますが、それは地上で生じていることを表現しているのです。そのドラマの始まりは、まず地上で演じられます。私たち人間も、常に、そのドラマを共に演じています。人間は毎夜、自我として、アストラル体として、そのいとなみに参加しているのですが、私たちの通常の意識によっては、それを知ることができません。

特にグノームにとって、眠っているときの人間を観察するのは、楽しみです。ベッドの中の身体をではなく、身体から抜け出したアストラル体と自我を見て、人間はもともと霊の中で考えているのに、そのことを知らずにいる、と笑っています。人間は、自分の思考内容が霊界で生きていることを知りません。人間が自分のことに、それほどまでに無知でいられるのが、ウンディーネにとっても不可解です。シルフにとっても、火の精にとっても、同じことが言えます。

物質界においてはしばしば、夜、蚊にまといつかれて、不快な思いをします。しかし霊的な人間である自我とアストラル体は、夜、これらの四大存在に取り巻かれて、意識して先へ進めという、絶えざる警告を受けています。ですから人は、宇宙については意識している以上のことを知っているのです。

四大存在からの警告

そこで、グノーム、ウンディーネ、シルフ、火の精がどのようにぶんぶん言いながら、私たちに警告し、意識して先へ進むように言っているのかを、彼らがそれをどのように面白がったり、期待したりしているのかを、もしも私たちがそれを聴き始めたらどうなるのかを、お話ししてみましょう。

グノームがやってくると、こう言います。

お前は夢ばかり見て
目覚めまいとしている

人間は自我を夢の中でのように働かせているが、本当の自我を働かせるつもりなら、しっかりと目を覚まさなければならない、ということを、グノームはよく知っています。ですから、睡眠中の私たちに呼びかけるのです。

お前は夢ばかり見て
(そして昼間もまた)
目覚めまいとしている

そうすると、ウンディーネの声が響きます。

お前は天使のことを考え

そのくせ人間は、自分の思考内容がもともと天使のものであるのに、そのことを知りません。

お前は天使の働きを考え
そしてそのことを知らずにいる

すると、シルフの声が、眠っている私たちの方へ響いてきます。

創造者の力が照らしているのに
お前はそのことに気がつかない
その力を感じてはいても
創造者の力をです。
それを生きていない。

これらがシルフ、ウンディーネ、グノームの言おうとしていることです。
火の精はこう言います。

神々の意志がお前を力づけているのに
お前はその意志を受けとらない
お前はその意志の力で意志しているのに
その力を追い出している

これらはすべて、警告の言葉です。意識して先へ進め、と言うのです。物質界に生きていないこれらの本性たちは、人間が意識して先へ進んでいくのを願っています。人間も自分たちの世界に関わってくれればいいのに、と思っているのです。

この本性たちが人間に言おうとしていることを、私たちが受けとめたなら、次第に彼らの表現の仕方が分かってくるでしょう。たとえば、グノームは言います。

私は根っこの力から離れない
その力が私の形成体を創っている

そしてウンディーネは言います。

私は水の成長力を働かせる
この力が私の生きる素材を作っている

シルフは言います。

私は空気の生命力を吸い込む
その力が私を存在の力で充たす

火の精の行為を地上の言葉で表現するのは、非常に困難です。なぜなら、地上の生活からはまったくかけ離れた行為だからです。「消化する」という言葉を使いたいのですが、消化というよりは、火で消耗するのです。「消尽」という方が、むしろ当たっています。

私は火の力を消尽する
その力が私を霊魂の世界へ引き上げる

私はできる限り、これら元素界の四大存在を性格づけたいのですが、この存在たちは、まず、警告を人間に与えます。しかし人間に否定的なことばかりささやくような不親切な態度はとらず、簡潔な言葉で、非常に壮大な内容を語ります。人間の言葉がどんなに美しく響こうとも、強大なグノーム軍団から響いてくる宇宙言語とは比較になりません。どうぞ、その相違を感じとって下さい。言葉の成り立ちが、そもそも違うのです。グノームに耳を傾けると、グノームの合唱は、警告を発した後で、次のように語っています。

目覚めようと努めなさい

宇宙のいたるところから響いてくる、無数の声が合わさっているこの言葉は、非常に道徳的な印象を与えます。
ウンディーネの合唱が響きます。

霊の中で思考しなさい

シルフの合唱は、それほど単純ではありません。実際、満月の光の中でグノームたちが華麗な甲冑をまとった騎士団のように現れると、地の深みからのように、

目覚めようと努めなさい

という言葉が聞こえ、そしてウンディーネが上方で漂い、憧れながら、食い尽くされ、地上に

霊の中で思考しなさい

という言葉が返ってくるとき、シルフは宇宙の光の中で青、赤、緑の色調の稲妻をきらめかせ、上方で呼吸し、光の中できらめいては、消えながら、高みから

創造的に呼吸する生き方をしなさい

という言葉を送ってきます。

そして火の精たちが地球の火のマントの中に自分たちの言葉を送るとき、まるで火の怒りのように、とはいえ、破滅的な怒りではなく、燃えるような熱狂の怒りのように、宇宙から、個々の声の集まりではなく、強大な雷鳴のように、

神々の意志力を愛をこめて受けとりなさい

という声が響いてきます。

宇宙言語

もちろん、こういうことに意識して注意を向けなければ、何も聞こえません。聞こえるか、聞こえないかは、人間の態度にかかっています。しかし聞こえるならば、四大存在たちが大宇宙の重要な成員たちであり、グノーム、ウンディーネ、シルフ、火の精が上述した仕方で働くときに、実際に何かが起こるに違いない、と悟るでしょう。グノームたちは、人間にとって前述した意味で関係があるだけでなく、人間に向って宇宙言語を地球から響かせる存在なのです。ウンディーネは上昇する流れの

中で宇宙言語を語り、シルフは上方から、そして火の精はさまざまな声を融合させた強大な合唱を交響させます。

以上、霊視した内容を私たちの言葉に置きかえました。この内容は宇宙言語の一部分です。ですから、たとえ私たちの日常意識がこの霊言を聞かなかったとしても、人間にとって重要な意味をもっているのです。宇宙が言葉から作られた、という本能的認識に由来する太古の直観は、深い真実を語っているのです。しかしこの宇宙の言葉は、わずかな文字からなる構文なのではなく、無数の存在たちから発する音声の総体です。宇宙の言葉は、無数の本性たちからの発する声の響き合いです。宇宙が言葉から生まれた、というのは、一般的、抽象的な真理なのではなく、宇宙の言葉が個々の本性たちの声から成るものであり、さまざまなニュアンスを伴って、偉大な宇宙和音となり、宇宙旋律となって響き、そして語るのです。私たちはそれを、少しずつでも具体的に理解していかなければなりません。

グノームの合唱が「目覚めようと努めなさい」という言葉を響かせるとき、人体の骨格系、運動系を生じさせる力が、グノームの言葉を通して語っているのです。

そしてウンディーネが「霊の中で思考しなさい」と言うとき、代謝系の諸器官を形成するために、人間の中に流れ込む宇宙言語が、ウンディーネの言葉に翻訳されて響くのです。

シルフが、みずからヒエラルキアによって呼吸されながら、「創造的に呼吸する生き方をしなさい」という言葉を地上へ響かせるとき、呼吸系の諸器官を人体に与える力が人間に流れ込んでいるのです。

そして火の精が雷鳴のように響かせているのは、宇宙の火のマントから、火の精のやり方で語る言葉なのです。その言葉の力は宇宙の火のマントから輝き出るのです。

人体は宇宙言語の模像である

そして、人体の神経=感覚系、頭部系は、火の精の言葉に置き換えられた「神の意志力を愛をこめて受け取りなさい」の微細な模像なのです。「神の意志力を愛をこめて受け取りなさい」という言葉は、至高の宇宙存在に働きかけます。人間が死から新たな誕生までの間を生きるとき、新たに人体の神経=感覚諸器官を形成するのも、この言葉です。

運動系——グノームの合唱
　目覚めようと努めなさい
代謝系——ウンディーネ
　霊の中で思考しなさい
律動系——シルフ
　創造的に呼吸する生き方をしなさい
神経=感覚系——火の精
　神の意志力を愛をこめて受け取りなさい

このように、境域の彼方にあるものと私たちの本性とは、直結しているのです。境域の彼方にあるものは、創造する神々の働きの中へ、すべての他のものの中で生きて作用しているものの中へ、私たちを導くのです。他の時代が願ってきたすべてのものを、私たちが思い出すとき、また

（私は）すべての種子の力を、すべての作用する力を見る
そして言葉だけにとらわれない

という言葉の意味を思い出すとき、このことは、人類の進化、発展の中で、必ず実現するに違いありません。私たちは、さまざまな仕方で人間を成長させる種子の力を見ようとしないで、言葉だけですべてを知ろうとしています。

しかし、運動系、代謝系、律動系、神経＝感覚系は、合流する統一作用なのです。「目覚めようと努めなさい」、と下からの声が昇ってきます。「霊の中で思考しなさい」という声は、上から下へ向かいながら、別の声「創造的に呼吸する生き方をしなさい」と「神の意志力を愛をこめて受け取りなさい」とに混ざり合います。

「神の意志力を愛をこめて受け取りなさい」、この言葉は、頭の中で、安らぎをもって、創造することを教えます。下から昇ってくる「霊の中で思考しなさい」と、上から流れ落ちる「創造的に呼吸する生き方をしなさい」は、共働して生きる働きです。それは、人間の呼吸が血液の働きの中に、律動

的な仕方で移行するときのやり方で、模像を創り出します。そして私たちに感覚器官を植えつけるのは、上から流れ落ちる「神の意志力を愛をこめて受け取りなさい」という言葉です。しかし私たちが歩いたり、立ったり、手や腕を動かしたりするときの働きは、人間に意志を行使させる「目覚めようと努めなさい」という言葉です。

このように、人間は宇宙言語の共鳴なのです。この言語は、すでに述べたように、まずその一番低い段階において解釈することができます。次いでこの宇宙言語は、高次のヒエラルキアにまで昇っていきます。高次のヒエラルキアは、宇宙を生じさせるために、まさに宇宙言語の創造者なのですが、しかしこれら四大存在が宇宙へ呼びかける言葉は、一切の存在の根底に存する、創造し、造形し、形成する宇宙言語の余韻のように響いています。

グノーム

お前は夢ばかり見て
目覚めまいとしている
私は根っこの力から離れない
その力が私の形成体を創っている

ウンディーネ
お前は天使のことを考え
そしてそのことを知らずにいる
私は水の成長力を働かせる
この力が私の生きる素材を作っている

シルフ
創造者の力が照らしているのに
お前はそのことに気がつかない
その力を感じてはいても
それを生きていない
私は空気の生命力を吸い込む
その力が私を存在の力で充たす

火の精

神々の意志がお前を力づけているのに
お前はその意志を受け取らない
お前はその意志の力で意志しているのに
その力を追い出している

私は火の力を消尽する
その力が私を霊魂の世界へ引き上げる

グノームの合唱
目覚めようと努めなさい
ウンディーネ
霊の中で思考しなさい
シルフ
創造的に呼吸する生き方をしなさい
火の精
神々の意志力を愛をこめて受け取りなさい

第四部　人体組織の秘密

第10講　人体組織の過程（一九二三年十一月九日）

人間の内なる動物と植物と鉱物

以上の講義を通して、すでに理解していただけたと思いますが、私は宇宙の諸現象の関連を取り上げて、最後に真に包括的な人間理解に達することができるようにしたいと願っています。これまで考察してきたことのすべては、人間を知るための道でもありました。現象世界の最底辺に位置する素材世界から始めるのでなければ、人間を認識することはできません。素材世界の考察は、ヒエラルキア世界の考察と結びつきます。素材のもっとも底辺にある諸形態から存在のもっとも高次の霊的諸形態にまで、ヒエラルキア世界にまで、人間認識を辿っていかなければなりません。今行っている連続講義の中で、そのような人間認識のための一種の素描が試みられているのです。

現在私たちの知っている「人間」は、土星紀、太陽紀、月紀、地球紀という、あの長い宇宙進化の結果、生じました。このことをはっきり意識しておくことが大切です。地球紀はみずからの進化の過程を、まだすべて辿っているわけではありません。しかし現在の人間は、月紀に続く狭義での地球進化のおかげで、今こうして存在していられるのです。

私たちが腕を広げたり、指を使ったり、唇を動かしたりするために必要なすべて、生体を動かすのに必要なすべて、——そしてその働きは、生体の最奥部にまで及んでいます——、そういうすべては、狭義での地球進化の過程で与えられました。一方、新陳代謝に関わるすべて、人体の皮膚に包まれている空間を充たしているすべては、月紀の進化のおかげで得たものをあらわしています。そして、律動系に属するものはすべて、古太陽紀の進化のおかげなのです。呼吸と血液循環とは、もっとも重要な律動系の働きです。人はこういう働きのすべてを、古太陽紀の進化のおかげで得ているのです。そして現在の人間の身体全体に広がっている神経＝感覚系の発達は、古土星紀の進化によるのです。

しかしその際忘れてはならないのは、人間が全体存在であり、宇宙進化も全体的なものであるということです。私の『神秘学概論』で述べたように、古土星紀とは太陽紀、月紀、地球紀に先行する進化期のことです。しかし基本的には、この進化期は、地球紀にまでいたる宇宙進化における、ひとつの土星紀にすぎません。地球が進化していくと、別の土星紀が生じるのです。この新しい土星紀は、地球紀の内部にあります。それは言わば、最近の土星紀です。地球紀にまで達したのは、最古の土星紀です。古太陽紀の中に含まれていた土星紀は、より新しい土星紀であり、月紀の中の土星紀はそれより更に新しい土星紀であり、そして現在の地球の中にあって、本質的に地球の熱組織を充たしているのは、最新の土星紀なのです。私たちは、この最新の土星紀の中に生きているのです。

このように、私たちは宇宙進化の只中に生きています。しかし私たちは空間的に、地球上の私たちを取り巻くものの中でも生きています。たとえば鉱物界のことを考えてみて下さい。私たちは鉱物界と相互に作用し合っています。私たちは鉱物を養分として摂取します。鉱物を呼吸その他によって受容します。私たちは私たちの中で鉱物を消化します。

しかしすべての進化、すべての宇宙経過は、人間の外と人間の内とでは異なった在り方をしています。もし私たちが今日、化学実験室の中で化学的な経過を研究し、この化学的な経過が、人間の養分摂取においても、そのまま人間の内部で継続していく、と考えるとしたら、まったく間違ってしまいます。人間は決して化学的な諸作用の集合体ではありません。人間の内部では、すべての経過が変化しています。そしてその変化は、次のように現れます。

私たちが鉱物を摂取したとき、その摂取したすべては、人間の中で更に作用し続けます。御承知の通り、私たちは自分自身の体温をもっています。健康な人の場合、私たちの血液の温度は、ほぼ摂氏三十七度です。この体温は、外界の温度よりも平均して高温です。しかし、私たちが摂取する鉱物は、生体の中で変化して、血液の中で、外的な環境の平均的な熱を超えて、もっと高い温度になり、私たちが快く鉱物を摂取することができるようにしています。私たちが食塩を味わうとき、この塩は私たち自身の熱によって受容するのです。私たちは、外界と共通する熱によってではなく、自分たち自身の熱によって鉱物を快く受容するのです。すべての鉱物は、人体内で熱エーテルに変化しなければなりません。そして人間の生体内で、なんらかの鉱物の熱エーテル化を妨げるものが生じますと、病気になってしまいます。

更に、私たちが植物を摂取するときのことを考えてみますと、私たち自身は、植物を自分の中でも発達させます。その意味でも宇宙に属していますが、私たちは鉱物を内に担っていますが、その鉱物は絶えず熱エーテルになろうとする傾向をもっています。植物は、人間の中で、絶えず空気になり、ガスになろうとする傾向をもっています。ですから、人間は、自分の体内に植物を気体としてもっているのです。

人間の内部で植物から生じるもの、人間が内なる植物組織として発達させているものはすべて、空気とならなければなりません。人間は自分の中に空気の形姿を受けとることができなければなりません。もしもそれが空気の形姿をとらず、生体内の植物すべてが空気の形姿になれなくなりますと、人間は病気になってしまいます。

人間が受容したり、または自分の中で生じさせたりする動物的なもののすべては、少なくとも一定の間は、液状の形態をとらなければなりません。私たちは自分の中の動物性、外から摂取したり、内で生み出したりした動物性を流動的にしなければなりません。人間が自分の動物性、外からの動物性を流動化せず、それを固形物にしてしまいますと、病気になってしまいます。

人間の中で純人間的な形態を生み出すものだけが、人間を直立歩行させ、語ったり、考えたりさせるものだけが、人間を本来の人間にするもの、動物から超越させるものだけが、固形状になることができるのです。そしてこの部分は、生体全体の十パーセントの部分であるにすぎませんが、この部分だけが固形状の形態になることができるのです。動物的、植物的なものが人体の中で固形状になると、人は病気になってしまいます。

すべて鉱物状のものは、人間の中で一度は熱エーテルにならなければなりません。すべて植物状のものは、人間の中で空気の段階を通過しなければなりません。すべて動物状のものは、人間の中で液体の段階を通過しなければなりません。すべて人間的なものだけが、人間の中で地上的、固体的な形態をとることができるのです。このことは、人体の秘密のひとつです。

代謝系

人間が地球から受けとるものを、今は取り上げずにおきます。それについては、あとでゆっくり考察しようと思います。そこでまず代謝系の組織を取り上げてみましょう。それはもちろん地球紀の間に作り出されたのですが、その萌芽は古月紀に由来するのです。狭義での代謝活動は、人体の皮膚の内部で行われます。その際、私たちは、排泄作用をも代謝活動に数え入れなければなりません。この代謝活動は、絶えず養分の摂取次第で変化します。はじめ人体の外にあった養分は、人体の中に摂取され、この代謝活動に組み込まれます。

代謝系は環境の中のものを人体内に取り入れて、それを消化します。すべての鉱物成分は、熱エーテルに近づき始め、すべての植物成分はガス＝空気状の、薄もや状のものに近づき始めます。動物状のものは、特にみずから動物成分として生み出したものは液体状に近づき始めます。そして本来の人間的なものは、組織として固形状のものになります。これらすべては、代謝系の中に、傾向として存在しています。そして代謝活動は、この点で非常に興味深いものなのです。

代謝活動を呼吸活動と結びつけますと、人体が自分の中から炭素を取り出していることが分かります。人体のあらゆる部分に見出せる炭素は、酸素と結合して、炭酸ガスになり、呼吸によって外に排出されます。炭酸ガスは、炭素と酸素の化合物です。呼吸によって受容された酸素は、炭素に働きかけ、自分の中に炭素を取り込みます。人は炭酸ガスという化合物を吐き出します。しかし息を吐く前に、炭素は人間本性に恩恵を施します。なぜなら炭素が酸素と結合し、血液循環を促すものを、血液循環から呼吸を作り出すものと結びつけることによって、この炭素は、生体に恩恵を施すからです。炭素が人体から離れる前に、炭素は生体全体の中でエーテルの流出を促します。物理学によれば、炭素は炭酸ガスと共に外へ吐き出されます。しかしこれは、経過全体の一側面にすぎません。人間は炭酸ガスを排出します。しかし生体全体の中で、エーテルが吐く息を通して炭素によって後に残されます。その炭素は酸素によって結合させられるのです。このエーテルは、人間のエーテル体の中に入ってきます。そして、炭素によって生み出されるこのエーテルが人体を霊の影響の受けやすいものにするのです。このエーテルがアストラル的＝エーテル的な作用を宇宙から受容できるようにするのです。炭素があとに残したこのエーテルによって、宇宙的な衝動が引き寄せられます。この宇宙的な衝動は、

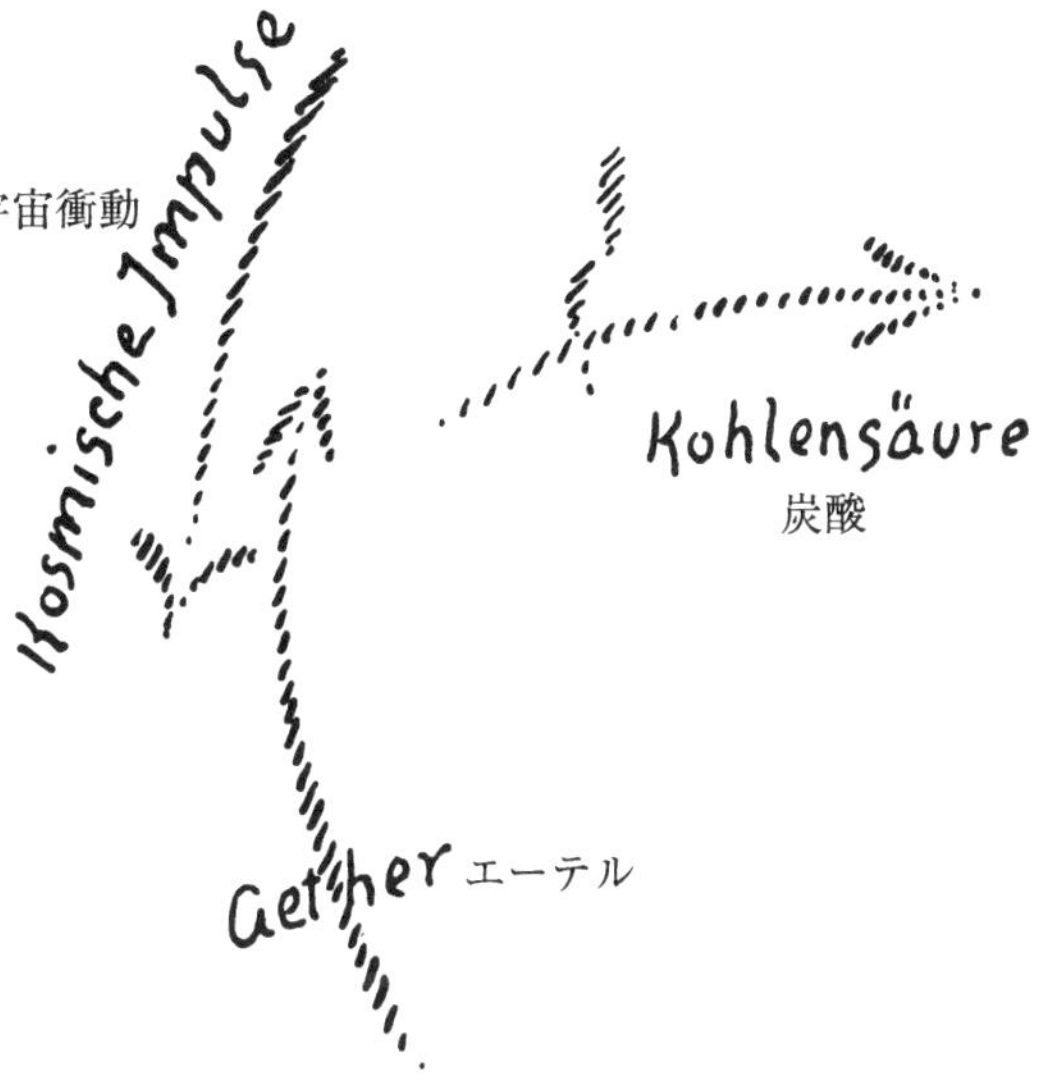

図12

更に人間を形成するように働きかけます。たとえば神経系に働きかけて、それが思考内容の担い手になるようにするのです。このエーテルは、絶えず私たちの感覚に、たとえば私たちの眼に働きかけて、眼が見ることができるように、外なる光エーテルを受容できるようにします。ですから私たちが私たちの中にエーテルを用意して、宇宙に向き合うことができるようにしてくれているのは、炭素なのです（図12参照）。

このことのすべては、すでに代謝系の中で準備されているのですが、しかし代謝系は、人体組織としては宇宙全体の一部分であり、それ自身で単独に存在しているわけではありません。代謝系は、それ自体では存在しえないのです。ですから人間の中で、第三の素質として形成されました。神経＝感覚系が第一の素質なのですが、これは土星紀に形成され、律動系という第二の素質は、古太陽紀に形成されました。代謝系は、これらの素質が生じたあとで、形成されることができたのです。代謝系は単独では存在しえないのです。代謝系というのは、人間が自由に運動できるように、宇宙との関連で、人間が養分を摂取するために用意された組織です。しかし養分を摂取する過程は、単独では成り立ちません。他の組織の協力が必要なのです。代謝系だけを取り上げて研究してみると分かりますが、このあとの講義でも述べるように、代謝系は、生体全体にとってなくてはならない働きですが、絶えずあらゆる種類の病気への傾向にさらされているのです。外傷によるのではない、生体内の病気のはじまりは、常に代謝系の中に見出せます。ですから病気を診断するには、代謝系から始めなければならないのです。そして代謝系のどの過程が今問題なのかを問うのです。口から食物を摂り、養分を澱粉や糖分などに変え、口中の食物をプチアリン（唾液中の消化酵素）でくるめ、更に胃の中のペプシンで蛋白質を分解し、更に養分をリンパ管や血液の中に送り込みます。そのような無数の経過が考察できます。代謝系を膵臓の分泌液と混ぜ、更に胆汁と混ぜるなど、それらのどの過程においても、「何をやろうとしているのか」と問わなければなりません。

そうすれば、どの過程においても、生体は答えるでしょう。――「これだけだと、人間を病気にしてしまう」と。

代謝系のどの過程も、生体内で最後まで辿ることは許されません。最後まで行ったら、必ず人間を病人にしてしまうからです。生体が健康であるのは、代謝過程が一定の段階でストップさせられるときだけなのです。

途中でやめなければ、人を病気にしてしまうようなことが人体内に生じるというのは、宇宙システムの欠陥ではないか、と思う人がいるかもしれませんが、次回に申し上げますように、このことの中には、特別の叡智がこめられているのです。しかし今日は事実に眼を向け、代謝活動の個別経過の本質を考察して、私たちが生体全体を病気にする過程にあることを明らかにしたいのです。どんな代謝過程も、それが続けば、生体を病気にします。人体に代謝活動がある限り、あらかじめ別の経過を生じさせておかなければなりません。それは循環系の経過です。循環系の経過は、常に治癒的な経過なのです。

循環系

月紀の人間は、患者として生まれました。その人間の中に、あらかじめ太陽紀に医者が組み込まれていました。太陽紀の人間は、みずからの生体に関しては、医者として生まれました。医者が患者以前に生じたのは、宇宙進化においては、非常に用心深いことだったと言えます。実際、月紀には患者が人間の中に生じたのです。人体は本質的に代謝系から循環系へ昇っていかなければなりません。もちろん循環系の根底にある衝動へ、という意味です。

或る素材はより速く、別の素材はより遅く循環系に作用します。私たちはまた、体内に小循環系を持っています。なんらかの鉱物素材、たとえば金や銅を内服したり注射したりして体内に取り込むと、それが循環系の中で形をとり、変化し、治癒力を発揮するのです。人間本来の治癒過程を知るためには、環境世界のすべての素材が循環系の中で変化を惹き起こすことを理解しなければなりません。循環は絶えざる治癒過程なのです。

もしも必要なら、このことを計算で表すこともできます。人間は平均して一分間に十八回呼吸します。このことは宇宙への非常に規則正しい適応の仕方を示しています。なぜなら、太陽が一太陽年（プラトン年）に黄道を一周するときのリズムを、人間は毎日繰り返しているのですから。太陽は一太陽年である二万五九二〇年かけて、黄道を一周します。人間は、中年の頃、一日平均二万五九二〇回呼吸します。血液の鼓動はもっと速いのですが、より内的に集中した循環である血液の循環は、代謝系の影響を受けており、呼吸の循環は、人間と外界との外的な関わりに対応しています。外界との代謝関係にです。呼吸リズムは、循環リズムを制御して、一対四の関係を保っています。そうしないと、生体の循環リズムは、まったく不規則なリズムになってしまい、一〇万三六八〇の数のリズムになりません。そうしたら、宇宙のリズムに対応しなくなり、人間は宇宙から切り離されてしまいます。

代謝系は人間を宇宙から切り離し、宇宙から疎外してしまいます。呼吸のリズムは、絶えず、宇宙の中に人間を引き込みます。循環リズムはこの呼吸リズムによって分割され、制御されているのですが、この分割と制御の中に、生体内の根源的な治癒過程を見ることができるのです。

しかし、より微妙な仕方で、生体全体にまで及んでいる別の呼吸過程があります。私たちはこの呼吸過程が生体のどこにおいても循環過程を制御して、一般的な宇宙状況に適応できるようにしなければなりません。

人間の下部組織は病気になる傾向を常にもっていますから、私たちは栄養分を摂取する中部組織である循環系の中の健康であろうとする傾向を、絶えず強めていかなければなりません。私たちの中部組織の中の健康になろうとする衝動は、頭部の神経＝感覚系にも働きかけています。

神経＝感覚系

こうして私たちは第三の神経＝感覚系へ到ります。一体神経＝感覚系の中には、どんな力が働いているのでしょうか。いわば循環系という医者が私たちの中に残してくれた治療結果が働いているのです。医者は代謝過程のために治療しようとして働くとき、その結果を宇宙全体に評価してもらっている、と言えるほどのことを行っているのです。

空想的なことではなく、まったく現実的なことを言おうとしているのです。下部組織のために治療しようとする試みは、高次のヒエラルキアに大きな喜びをもたらすのです。これは地上の世界から受けとる高次のヒエラルキアの喜びなのです。ヒエラルキアの霊たちは、地上を見下ろして、地球の素材を摂取する人間から病気が現れてくるのを感じとっています。その霊たちは、大地から働きかける力の衝動が、大気中の空気などの中で、治癒過程となって現れるのを見ます。このことが大きな喜びをもたらすのです。

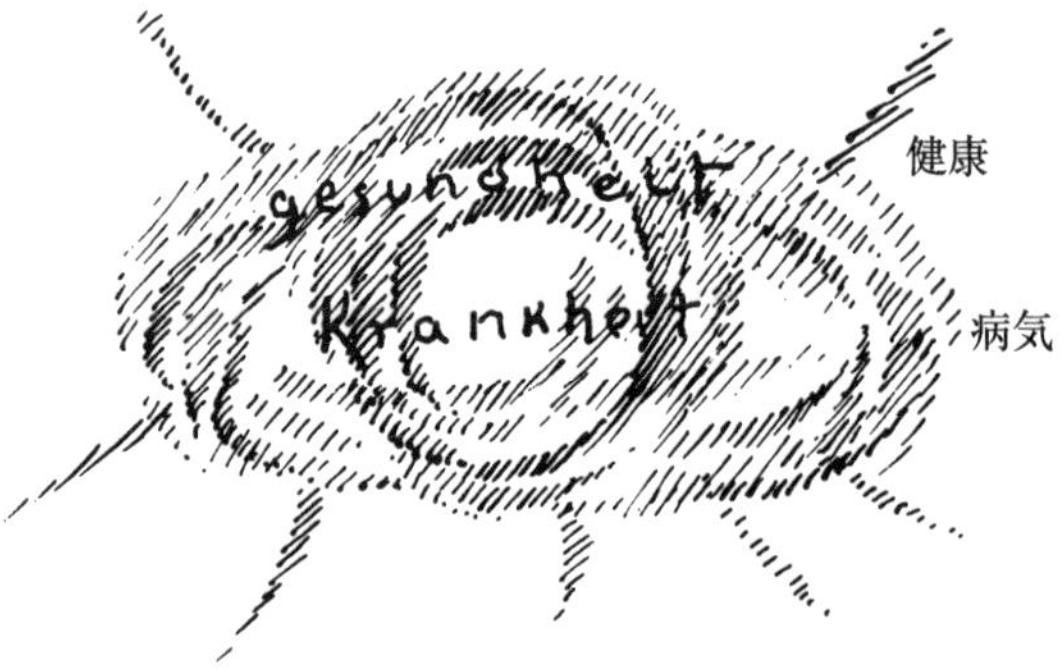

図13

そこで私たちの太陽系の境界に位置している土星のことを考えて下さい（図13参照）。土星は霊学の研究対象にもっとももふさわしい天体です。この天体の中心には病気を生じさせる力が働いており、周囲には健康を生じさせる力が取り巻いています。土星の環にはそのような力が働いているのです。

その土星の力は地球をも取り巻いているのですが、私たちは地球の上にいるので、それを知覚できずにいます。土星の環は、天文学者の語る事柄と本質的に異なる意味をもっています。それは回転する健康な力なのです。そして土星の内部には、病気を生じさせる力があるのです。

私たちの太陽系の外縁に位置している土星には、私たちの生体の代謝と循環系と同じ過程が生じているのです。

けれども、土星を通して、第二ヒエラルキアと第一ヒエラルキアの世界もまた、視野に入ってきます。第二ヒエラルキアはキュリオテテス、デュナミス、エクスシアイであり、第一ヒエラルキアはセラフィーム、ケルビーム、トローネです。土星とその環を霊視しますと、これらの高次ヒエラルキアが見えてきます。それらのヒエラルキア存在たちが喜んでこの健康な働きと病気の働きを眺めているのが見えるのです。

この喜びは、宇宙の中のひとつの力です。高次ヒエラルキアのこの喜びは、更に私たちの神経＝感覚系に流れ込み、そしてそこで人間の霊的進化の力を生み出します。この力は絶えず人間の中で行われている治癒過程から生み出される力なのです。ですから私たちは第三に、霊的な進化力を内に担っています。

1　新陳代謝　　養分摂取
2　循環　　　　治療
3　神経＝感覚組織　霊的進化

土星紀、太陽紀、月紀を通過してきた人間は、第一に宇宙から生まれた霊であり、自分の中に医者を生み出し、次いで宇宙の患者を受け容れます。そしてこれらすべての協力を通して、地上で自由に動き廻ることのできる人間を形成するのです。

人間を認識するときには、いつでも今述べた経過をふまえていなければなりません。本当に合理的な医療体系を作り上げるためには、その体系は一体何を含んでいなければならないでしょうか。もちろん治療過程ですが、その治療過程は何から生じなければならないでしょうか。代謝過程の研究から生じなければなりません。他の事柄は、せいぜいそのための前提でしかありません。このことについては、あとで述べるつもりですが、解剖に関わる事柄は、どんなに細部に亘るものであっても、それは出来上がったものなのですから、過程ではなく結果でしかありません。それも人間的な経過ですが、しかし代謝過程がまず医学の合理的な体系によって研究され、そこに病気への傾向を認めることができなければなりません。

ですから今日の医学体系は常に代謝系を、つまりまず健康な代謝過程を考察し、そこから内的な病気が発生する可能性を認識できなければなりません。次にそこから出発して、リズム過程を深く認識できるように、そしてそこに本来の治療法が見出されるようにしなければなりません。現代の医学は、代謝過程の研究から始め、そこから循環系の諸経過へ移っていかなければなりません。そうすれば最後に、人間の霊的素質の健全な発達が生体の治癒力の結果として生じることが分かるでしょう。

もしも私たちが治療過程から出発するのでなければ、真の教育は、つまり人間精神の健全な発達のための技法は、決して見出せないでしょう。なぜなら、治療過程とは、霊的経過を育成するのために用いるべき純粋思考を人間の中間部分に適用することに他ならないのですから。

教育と治療

教育芸術家は、肉体もしくはエーテル体を働かせて、治療の力を教育のために活用できなければなりません。私が子どものためになんらかの教育行為を行うとき、その行為はすでに霊的なものを根底にした行為です。そしてこの行為を或る物質素材に適用するならその素材は薬になります。医療とは、人間の霊の働きを素材の中に流し込むことに他ならないのです。イギリスでの教育講習会で繰り返してお話ししたのは、一種の一般人間的な治療行為として始められるあれこれの教育処置が、後年になって、不健康な代謝作用、不健康な排泄作用や不健康な養分の摂取を生じさせるということでした。教育者の行為は下半身にまで働きかけを継続するのです。これは下から上へ向けて行う治療とは正反対の行為です。

今日の医学体系は、人間全体の認識から生み出されるのでなければなりません。それが可能だということを、多くの人が感じています。実際、そのような医学の体系ができたとき、初めて何かが達成されるのです。このことは現代のもっとも大切な課題のひとつです。一方、今日の医学の手引き書をみると、稀にしか代謝系から始めていません。しかし代謝系から始めるのでなければ、病気の本質は認識できないのです。

全体の関連をもう一度繰り返すと、養分摂取の経過が治療経過へ、そして治療経過が霊的経過へ移り、そして霊的経過がふたたび治療経過へ移ることができます。霊的経過が直接代謝系の症状に働きかけるときには、その霊的経過が、生体の中間組織において、代謝系のその症状を治療するのでなければなりません。生体全体の中では、すべてが作用し合っているのです。

そして人体組織全体は、絶えずすばらしいメタモルフォーゼを遂げています。たとえば血液循環のすばらしい働きを見てみましょう。それはどんな経過を示しているでしょうか。

血液を他のすべての生体から切り離して考えてみましょう。血液は血管を流れます。この流動体だけを、血液だけを取り上げてみましょう。血液以外にも体液がありますが、ここでは血液だけを取り上げますと、血液の流れの中で生じる諸経過は、臓器の内壁や骨格や筋肉など、あらゆるところへ向かって流れます。そうすると、どうなるでしょうか。

炎症が生じるのです。炎症は、健康な状態においては、流れる血液の中に見出せます。炎症は、間違った場所に、つまり固まった場所に入り込んだ血液の経過です。健康な状態においても、その経過は、絶えず血液の流れの中で生じているのです。

問題のない、健康な経過を、ふさわしくない場所に移したなら、病気を生じさせる経過に変わります。神経系に症状が生じるのは、生体全体の中で血液系と対極に位置している神経系の中に血液の正常な経過が流れ込みますと、それがどんなに僅かなものであっても、神経路に炎症を生じさせます。そしてその病的な経過には、さまざまな形態が考えられます。

神経と血液はまったく異なる経過だ、と申し上げました。血液の中には燐へ向かっていく経過が見られます。燐へ向かう経過が血液を取り巻くもの、血液に隣接するものに作用すると、炎症を惹き起こします。一方、神経の経過が血液の中へ入り、その血液が不健全な仕方で他の器官に供給されますと、腫瘍が生じます。すべて腫瘍は、間違った場所での神経の変容なのです。

神経は神経であり続けなければなりませんし、血は血でなければなりません。血液に属しているものが隣接するものの中に入っていくと、炎症が生じ、神経に属するものが隣接するものの中に入っていくと、腫瘍ができます。神経系と血液系との間にこそ、正しいリズムが生じなければならないのです。

一般的に呼吸のリズムと血液のリズムとが対比できますが、それだけでなく、血液循環の中には微妙な経過があって、その経過が、血液の外《そと》に出ていくと、炎症を生じさせるのです。この微妙な経過は、隣接する神経の経過とリズミカルに関連しています。ちょうど呼吸が血液循環と関連しているようにです。そして血液のリズムと神経のリズムとの間でその関連が妨げられますと、その瞬間にふたたび新たに関連づけが生じなければなりません。

こうしてふたたび、治療の分野に到ります。これらすべての経過は、人間の中で存在しなければならないのです。病的な経過があるからこそ、他の場所が健康でありうるのです。健康は間違った場所の正しくない経過を通してのみ、生じえたのです。病的な経過がなかったなら、人間は存在しえないでしょう。炎症を患わなかったなら、人間は存在しえないでしょう。なぜなら、炎症を生じさせる力が、絶えず血の中になければならないのですから。人間が獲得する認識内容はすべて、本当の人間認識から生じるのでなければならない、としばしば申し上げたのは、こういう意味で申し上げたのです。いったいなぜ教育学がこれほど自信満々に抽象的なやり方をしているのか、なぜこれほど無意味な内容しかもてないのか、どこにその原因があるか、すでにお分かりだと思います。教育学は、いたるところで人間の病理的経過と治療の可能性とから出発するのでなければならないのです。

脳の病気とその治療法を見てみると、粗野な仕方で——と言っても、もちろん別の意味では精妙な仕方です。物理的経過であれば私は「粗野な」と述べています――粗野な仕方での脳の処置の中に、まさに教育芸術において行われねばならない事柄が見られるのです。ですから、いつか私たちの教員養成学校ができたなら、病理的＝治療的な分野も学ばせなければならないでしょう。そうすれば、自分の思考力をよりはっきりと育てることができるでしょう。教育芸術にとっては、治療法、特に内科の治療法以上に有益なものはないのです。実際、個々の素材（具体的なもの）へ到る橋を見出すことが、教育上、治療上も大切なのだからです。

たとえば消化系の障害から怠惰になっている子どもを正しく教育しようとするなら、その子の中の内的傾向に注目しなければなりません。そのためには、教育を心の深いところで受けとめなければなりません。教育論を外的に身につけ、学校が終わったら、夕方集会所で学校のことを忘れて過ごすだけではなく、子どもの頭の働き全体、頭部の経過と代謝系の経過との関連全体を見ることを忘れてはなりません。そして教育者が鉱物学を研究し、たとえば銅の中で生じる経過を学び、銅が大地の中にいろいろな銅鉱を生じさせているのを学ぶとき、彼は、「お前が教育者として行うのと同じことを、銅の力は大地の中で行う」、と言えなければなりません。

銅の過程

銅の過程は、教育者の行為の模像です。教育者は、自然の中へ入り込み、外なる自然が大規模な仕方で教育的な行為を行うのを、感情的、本能的な直観力で把握するように試みて下さい。つまり石灰の過程が悪しき事柄を生じさせるとき、そこに銅の過程が結びつくのです。大地の内部でのこの銅の過程、鉱石形成の過程の中に、治療過程が存在しています。そして地中のどこかに、黄銅鉱その他のものを見るとき、「これは正しい仕方で人間を治療するのに似た過程である」、と思えなければなりません。

そこでは、ヒエラルキアの高みからすでに述べた四大霊たちのところまで、さまざまな自然の霊たちが治療師として働いています。そして、生命を妨げ、病気を生み出す過程が生じないように配慮しています。その働きは一種の読み取りなのです。なぜなら、外で生じている事柄を見、あれこれの素材の薬効を調べたり、調合したりするとき、思わず、鉄はどこに現れるのか、あれこれの金属はどの鉱脈に現れるのか、と問うのですから。こうして環境を調べます。金属が大地のそこここに現れるとき、そこに治療過程が示されているのです。その金属を類似療法的な手続きに従って服用し、生体に作用させるとき、自然が外で示してくれた治療を患者に適用しているのです。

実際、世界中のどこでも、養分であり、治療である霊的なものが研究できます。自然の中では、絶えず病気が作られたり、絶えず病気が治ったりしています。外には偉大な宇宙的な治療過程が存在します。私たちはただそれを人間に適用すればいいのです。これは見事な大宇宙と小宇宙の共同作用です。私がこれまでいろいろの言い方で述べてきたことは、深い真実を示しています。

自分自身を知りたければ

宇宙の到るところに眼を向けよ。
宇宙を知りたければ
自分の内なる深みを見よ

この言葉はすべてにあてはまります。――人を治療したければ、宇宙の到るところに眼を向け、宇宙が到るところで治療を行っているさまを見るのです。宇宙の病気と治療の過程の秘密を知りたければ、人間本性の深みに眼を向けるのです。このことは人間存在のすべてに適用できます。ただ、大自然に眼を向け、大自然と人間との生きた関連を見なければなりません。

現代は別の態度が身についています。自然からできる限り遠ざかろうとしています。自然から眼を閉ざします。事実、調べようとするものを、小さな台の上のレンズの下に置きます。眼は自然の方を向かずに、レンズをのぞき込みます。眼差しでさえも、自然から切り離されているのです。顕微鏡と言われているものは、顕零鏡とも呼べるでしょう。なぜなら、大自然から自分を切り離しているのですから。事物を顕微鏡下で拡大したとき、霊的な認識にとって、それが大自然のいとなみと同じものなのかどうかを知ることができません。たとえば、人体の極く微細な部分を顕微鏡で拡大して、それを観察するとき、人はその極く小さな人体部分と人間そのものとを同じものだと考えています。しかしそうだとしたら、私たちはプロクルステス（巨人の追い剝ぎ、旅人をベッドに寝かせ、その身長が短すぎれば叩き伸ばし、長すぎれば足や首を切った）よりも遥かにひどいことをやっているのです。私たちも人を引き伸ばしたり、切り離したりします。それにも拘わらず、顕微鏡の下でも、まだ人間であり続けるとお考えでしょうか。決して人間のままではいられません。同様に真理は顕微鏡の下では存在できません。拡大された真理はもはや真理ではなく、仮象なのです。

私たちは自然から離れてはなりません。そして肉眼で見ることを妨げてはなりません。確かに、どんな事柄も別のことには役に立つでしょう。しかし真の人間認識からすれば、レンズによって拡大されたものは、真の人間認識から遠く離れてしまっているのです。

真の人間認識は、私たちの述べたような仕方で求められねばなりません。それは養分摂取の経過から、治療経過を通って、人間と宇宙のもっとも広義での「教育」経過へ向かわなければなりません。養分の摂取から治療を通って文明と文化へ向かう、とも言えます。実際、人間の養分摂取は肉体の土台です。常に周辺を取り巻くものから生じる治療経過は、人間のリズムの経過です。そして上から来るものは、人間の神経＝感覚過程に現れます。このように宇宙は、三段階になっています。

以上のことを、今日は一種の土台作りとしてお話ししました。この土台の上に、家を建てようと思います。この出発点から、どのようにして実生活上の事情に通じるようなるかを見ようと思います。それからなら、ヒエラルキアの認識へ赴くこともできるでしょう。

第11講　熱エーテルの機能（一九二三年十一月十日）

熱エーテルの性質

これまでに述べたところからも分かるように、宇宙環境と人間との関係は、今日の通念とは異なる在り方をしています。現代の陥りやすい考え方からすれば、私たちの環境を構成している鉱物、植物、動物たちの成分は、物理学や化学の意味でのその成分の働きを、人体内においても継続しているはずです。しかしそんなことはないのです。人間の皮膚の内と外とでは、すべての成分の働きが異なっているのです。人間の皮膚の内側と外側とは、まったく別の世界です。このことを認めない限り、人びとは何度でも、レトルトその他の器具を使って調べた事柄が、そのまま人体内にも働いており、人体がレトルト台で生じる事柄の複雑な組み合わせにすぎない、と考え続けることでしょう。

けれども、どうぞ昨日の話を思い出して下さい。すべての鉱物の成分は、人体内では熱エーテルに変化するのです。体内に入ってきた鉱物の成分は、すべて、メタモルフォーゼを遂げて、少なくとも一定の間は、純粋な熱に変わり、環境の温度以上に高い体温を継続し続けます。食塩であろうと、他の鉱物成分であろうと、体内に摂取されたなら、なんらかの仕方で熱エーテルの形をとるのです。人体の働きに役立つ前に、あらかじめ熱エーテルにならなければならないのです。

ですから、外のミネラルがそのまま生体に摂取されて、骨や筋肉などになると思っていますが、そう思うのはまったくのナンセンスです、体内に現れるとき、そのミネラルはいっとき熱エーテルになっていなければならず、そのあとで体内の有機物質となって現れるのです。

たとえば固形物は、口中で液体になり、次第に重さを失い、大地とは異質な存在になり、熱エーテルになったことによって、上から降りてくる霊的な要素を受容する用意がととのいます。この体内でのミネラル成分の作用については、次のようにイメージしなければなりません。ここにミネラルがあります。このミネラルが体内に入って液体になり、熱エーテルになります。ここにあるのが、熱エーテルです。この熱エーテルは、宇宙の果てから流れてくるものを可能な限り受容しようとする傾向をもっていますから、宇宙の働きを受容します。その宇宙の働きは、ここで熱エーテル化された地上の物質を霊化します。熱エーテル化された地上の成分の助けで、人体に必要なものが、ここから体内の中に入っていきます。

古代の意味で熱を「火」と呼ぶとき、人体が摂取したミネラルは、体内で火の性質に変わるのだと考えて下さい。火の性質は、高次のヒエラルキアの影響を受け、人体のすべての内部領域に流れて、あらためて固まり、そして生体の器官のための成分になります。人間が摂取するものは、そのままで体内に留まることはありません。特に鉱物はすべて、熱となって霊的=宇宙的なものを受容し、そしてその霊的=宇宙的なものの助けで、ふたたび地上の成分に戻って固まるのです。

骨の中の燐酸石灰は、自然界の中に見出せる燐酸石灰でも、実験室で合成された燐酸石灰でもなく、外から摂取されたものが、熱エーテル化することで受容した霊的な働きの助けで、人体形成のためにふたたび燐酸石灰に戻ったのです。

このように、私たちはその時期その時期の生体の求めに応じて、鉱物を熱エーテルに変えるために、多種多様な成分を必要としています。幼児は、まだ生命のないものを熱エーテルに変化させるのに十分な力を、まだ生体内にもっていません。生体そのものに近い成分であるミルクを飲んで、そのミルクを熱エーテルに変え、生体を成長させるために、その熱エーテルの彫塑的な力を使用しています。外から摂取したすべてが根本的に作り変えられねばならないことが分からなければ、人体の本性は理解できません。

外気の熱

外にある素材が人体にとってどんな価値があるのかを調べるのでしたら、通常の化学はまったく役に立ちません。外にある鉱物素材をいっとき熱エーテルに変えるために、生体がどれほどの力を用いなければならないか、を知ることが大切なのです。生体がそのための力を十分にもっていなければ、この外からの鉱物素材は生体内に沈澱して、熱になる前に、重たい地上の素材になり、生体に異質な、無機質の素材となって人体組織に浸透してしまいます。

このことが生じるのは、たとえば鉱物化したものを、――もちろんそれももともとは有機的なものだったのですが――、鉱物化し、砂糖となったものを、熱エーテルにもたらすことができない場合です。生体が体内のすべてに関与する前に、生体内に沈澱物が生じますと、悪性の真性糖尿病が現れます。ですからどんな素材の場合にも、たとえば食塩を摂る場合にも、その素材を熱物質にすることがどの程度まで生体に可能なのか、分かっていなければならないのです。地上に生きる人体が霊的な宇宙と結びつくには、熱物質を通さなければならないのです。

糖尿病の場合のように、何かが消化されずに体内に留まっている状態は、体内の素材が宇宙の霊的作用と結びついていないことを意味しています。外から入ってくる素材は、体内で完全に作り変えられなければなりません。どんな場合にもです。健康を維持するためには、体内で素材が、どんな僅かな原子といえども、生体によって作り変えられなければなりません。このことは、素材についてだけでなく、作用力についても言えることです。

事物に作用する外気の熱が人体に作用するときには、変化されなければなりません。体内の熱は、外の熱とは別次元にあるのです。外の熱の熱次元がここにあるとします。その熱を私たちが取り込みますと、内部で変化されなければなりませんから、生体は熱のどんな僅かな部分にも関わることができなければなりません。

たとえば、寒い日に外出するとき、寒気が風となって吹きつけてくると、必要とされる速さで外気の熱を体内の熱に変えることができなくなります。そうすると、生体は、石や木片が外から熱の作用を受けるのと同じように、外気の熱の作用を受ける危険にさらされます。そうなってはなりません。外気の熱が私の中にそのまま流れ込むのは危険なのです。どんなときにも、私たちの皮膚の内部で、ただちに熱を私たち自身の熱に変えることができなければなりません。そうできないと、風邪をひいてしまいます。

これが風邪をひくときの経過です。風邪は、生体が自分のものにしなかった外気の熱による中毒なのです。

植物界の魅力

外界にあるすべては、人間にとって毒を意味します。人が自分の力でそれを自分のものにするときはじめて、その毒が有益なものに変わるのです。諸作用力は、人間を通過しなければ、高次のヒエラルキアにまで上っていけません。一方、外での作用力は、四大存在たち、四大霊たちの下に留まっています。人間の内部では、すばらしい変化が生じて、四大霊は自分の仕事を高次のヒエラルキアに託すことができるのです。このことは、完全に熱エーテルに変化した鉱物素材の場合にだけあてはまります。

植物界を見てみましょう。霊眼で大地に繁茂する植物を観察してみますと、植物界は本当にいろいろな意味で人間にとって魅惑的な存在であることが分かります。牧場や森へ行って、たとえば植物を根から掘り出し、その掘り出したものを霊眼で見てみますと、すばらしい魔的な結びつきがそこに見えてきます。まったく大地に没頭している根を、むき出しのまま眼の前に置いてよく見ると、おそろしく地上的です。植物の根、たとえばかぶの根は、見るたびに、満ち足りた銀行家を思い起こさせます。植物の根は、そのように欲張りで、自己満足の状態にあります。大地の塩分を吸収して、ただ満足しきっています。この世でかぶの根ほどに満足しきっている存在はありません。その意味でかぶの根は、根の代表です。

一方、花を見てみましょう。霊眼で花を見ると、私たちの魂のこの上なく優しい願いのようなものを感じないわけにはいきません。春に咲く花は、願望の吐息であり、あこがれの体現者です。十分に繊細な感受性をもっているなら、私たちの周囲の花の世界の上に、何かすばらしいものが降り注いでいるのが分かります。

春に咲くすみれやスノーブレイクやすずらん、または多くの黄色い花々を見てみますと、強く心が惹かれます。「人間たち、あなたたちはけがれのない願いを霊界へ向けることができるのです」。春の花々は私たちにそう語ろうとしているようです。

春のどの花からも、美しい願いが、敬虔な願いが発しているのです。

秋に咲く花を見てみましょう、イヌサフランを魂の感覚で見てみますと、恥じらいの感情なしにはとても見ることができません。私たちの願いが不純なものになりうることを、その花が警告してはいないでしょうか。「人間たち、あなたたちの願いを思い返してご覧なさい。なんと罪深い願いでしょう」。イヌサフランはいたるところから、私たちにそうささやきかけているようです。

このように、もともと植物界は、私たちの良心の鏡なのです、心の中から響いてくる良心の声が多様な花の姿になって、一年中私たちの魂に語りかけているのです。植物界を正しく見ることができれば、いつでもそこに良心の鏡を見出すことができるのです。

このことを考えますと、植物の花と植物の根を見、そして比較することが、とても重要になります。花は宇宙の光へのあこがれであり、地上の願いを宇宙の遥かな光へ向けて送るために、上へ向かって延びています。一方、欲張りな根は、植物を大地に引き留めます。絶えず天上への願いを植物から取り上げて、それを地上での満足に変えようとしているのです。

植物の根は、月がまだ地球の中にあったときに生じたのですが、地球の進化の中で、なぜまさにそのときに生じたのでしょうか。月がまだ地球の中にあったときには、月の中で働く力が地球の中で強力に働いていたので、その力が植物をほとんどもっぱら根だけの存在にしていたのです。月がまだ地球の中にあり、地球がまだ月の成分をもっていたとき、植物は根の部分を力強く下の方へ拡げました。そして上方へ向けては、もっぱら宇宙を覗いて見るだけでした。繊細な毛のようなものを宇宙の方へ延ばすだけだったのです。月がまだ地球の中にあり、地球の中での月の力が植物を大地に拘束した当時に、植物の中に組み込まれたものが、根となって今日まで残ったのです。

しかし月が地球から離れたときから、それまではごく僅かだった、宇宙を覗き見ようとする衝動、宇宙の果てしない光へのあこがれが、大きくなり、そして花が開いたのです。このように、月の分離は、植物界にとっては、一種の解放だったのです。

この場合、考えておく必要があるのは、地上の存在はすべて、霊から生じたのだ、ということです。『神秘学概論』を読んで下さい。古土星紀の地球はまだ完全に霊的な存在でしたが、もっぱら熱エーテルの要素の中で生きていました。そのように、地上的なものは霊的なものから形成されたのです。

植物界の影響

さて、植物の姿の中には、進化への記憶が組み込まれています。根は地上的＝素材的なものが霊的なものから発生したことを物語っています。しかし、月の分離によって、地球が月の要素から解放されるや否や、植物はふたたび、果てしない光へ戻ろうとし始めます。

私たちが植物を養分として摂取するとき、すでに外なる自然の中で植物が始めた、宇宙の果てしない光へ、宇宙の果てしない霊へ戻ろうとする機会を植物に与えます。ですから、昨日述べたように、植物が果てしない光＝霊の領域へのあこがれに従うことができるように、私たちは植物を空気状のもの、ガス状のものにしなければならないのです。

牧場へ行き、草花が陽光に向かって咲いているのを見て、喜びを感じる一方で、私たちは外の環境世界とは異なる世界を自分の内にもっています。外界の植物があこがれを花として表すとき、私たちは内部で、そのあこがれを実現させることができるのです。自然界には植物のあこがれの世界が拡がっています。私たちはその植物を見て、喜びを感じ、そのあこがれを私たちの内なる霊の世界に託します。私たちは植物を空気界に高め、より軽やかな空気界において、霊の世界に向き合う可能性を植物に与えます。

そのときの植物の経過を図に示してみましょう。

ここに根があります。ここで葉が花に変わります。そしてここで植物のいとなみが空気状になりますと、内的に植物存在が完全にひっくり返るのです。

大地の中で生き、それによって大地に拘束されている根は、上へ延びようとします。力強く霊の世界に向かい、花を咲かせます。

実際に、植物のいとなみは、この図のように、下へ向かって根を張り、そしてこの下にあるものが逆転して、上にあるものが下に、下にあるものが上になります（ハンカチをひっくり返す）。植物は完全に裏返ります。植物自身の中で、下のものが上に、上のものが下になっているのです。すでに花を咲かせた植物は、いわば物質のいとなみにおいては光を受けとり、物質を光の方に高めました。しかしその罰として、今は下に留まらねばなりません。根は大地の奴讓でしたが、しかしゲーテの植物のメタモルフォーゼの考え方の中に出ているように、根は、根であると同時に、植物の全存在を内に担い、そして上へ向かって延びていくのです。

人間も頑固な罪人であるときは、そのままの状態に留まっていようとします。植物の根も、大地に拘束されているときは、自己満足している銀行家のようです。しかし人に食べられてしまうと、すぐに変容して上へ向かいます。一方、物質を光の中にもたらした花は、下に留まらなければなりません。

つまり、植物の根は、食べられてしまうと、それ自身の本性によって人間の頭部へ向かいますが、花は下位の領域に留まるのです。花は代謝過程のすべてにおいて、頭部の形成にまでは作用しません。

そこには注目すべき、見事な演劇が見られます。人が植物を食べると、――もちろん植物のすべてを食べる必要はありません。植物のどの部分も植物全体を含んでいます。それについては、ゲーテのメタモルフォーゼ論を見て下さい――人が植物を食べますと、植物は人の内部で空気に変わります。その空気は植物として上から下へ拡がります。上から下へいわば花を咲かせます。

こうした事柄を本能的な見霊能力で知ることができた古代人は、植物を見て、その植物が人の頭に有益かどうか、霊的なものへのあこがれを根の中で示しているかどうか、その外見だけからでも知ることができました。その食べたものは、それがよく消化されたならば、頭部にまで到り、そしてそこで霊的な宇宙を求め、その宇宙と必要な結びつきをもとうとするのです。

たとえば豆科のように、アストラル的な要素と強く結びついた植物の場合、豆が下の領域に留まり、頭部にまで上ってきません、ですから、目覚めているときも、眠っているときと同じように、頭をにぶくします。純粋な思考を大切にしたピュタゴラス派の人びとは、豆類を食べるのを禁じました。

このようにして、自然と人間との関係を予感することができます。秘儀の学の立場に立てば、唯物的な科学が人間の消化作用を認識できるとは、とても思えません。牛の消化力と人間の消化力との違いについては、あとで述べます。科学は、植物が人間にただ食べられるだけだと思っていますが、しかし植物はただ摂取されるだけではなく、完全に霊化されるのです。一番下のものが一番上のものに変わり、一番上のものが一番下のものに変わります。

これ以上大きな変化は考えられません。そして、一番下のものを一番上のものに、一番上のものを一番下のものへ変えることをしない植物を、ごく僅かでも食べてしまったなら、たちまち病気になってしまいます。このことから分かるように、人間は霊が作用しないものは、何も自分の中に担っていません。人間は、摂取した養分に対して、霊が影響を及ぼせるような形態を与えているのです。

動物が植物を摂取するときはどうでしょうか。草食動物を見てみましょう。動物が植物を摂取するときの経過は非常に複雑ですが、植物を摂取した動物は、植物に人間の場合のような形態を与えたりはしませんから、動物の中の植物は、下から上へ、そして上から下へ戻ることはできません。

動物の背骨の位置は、大地と平行しています。したがって消化の働きは、動物の中でまったく無秩序な状態になります。ここでも下のものが上に、上のものが下に戻ろうとしますが、滞ってしまいます。ですから、動物の消化は、人間の消化と本質的に異なっています。動物の消化の場合、植物の働きが滞るのです。その結果、動物の場合、植物は、「あなたの遥かな宇宙への憧れはかなえられます」、と約束されても、その約束は果たされません。植物はふたたび大地に投げ返されるのです。しかし、動物の体の中で、植物が大地に投げ返されることによって、四大の霊たちが、その植物の中に流れ込んできます。一方、人間の場合は、上から宇宙霊たちの働きが流れ込んでくるのです。

不安の霊

さて、この四大の霊たちは不安の霊たちです。不安の担い手です。霊視すると、動物の消化過程は、次のように辿れます。動物は食べることを楽しみます。そして養分の流れが一方から流れ、他方から不安の四大霊の不安の流れが流れてきます。養分を摂取する喜びが動物の消化管を通って流れると、その消化に抗して、四大霊の不安の流れが流れるのです。

動物が死ぬと、この不安の流れがあとに残ります。四つ足の哺乳類動物が死にますと、不安から成り立つ霊的存在が生気をとり戻すのです。動物が死ぬと、不安がよみがえるのです。肉食獣の場合は、生きているときからこの不安を楽しんでいます。獲物を引き裂く肉食獣は、大喜びで肉を食べます。そしてこの肉食の楽しみに抗して、不安と恐怖が流れ込みます。草食動物は、死んだときになってこの同じ不安が生じますが、肉食獣は、すでに生きている間に、不安を放射します。したがって、ライオンや虎たちのアストラル体は不安に貫かれており、死後も、満足感に対抗して、不安を放射しています。

ですから肉食動物は、死んだあと、集合魂として生き続け、人間の場合よりもはるかに恐ろしいカマロカ（煉獄）を体験します。なぜなら、肉食動物は生きていたときの不安をそのまま保っているからです。

もちろんこういう事柄は、別の意識においてでなければ認識できません。ですから、皆さんがすぐにまた唯物的な考え方になって、肉食獣の身になって考え、肉食獣が体験するカマロカが、皆さんにとってどんなものかを考えます。そのときの皆さんは唯物主義的に、動物の本性の中に身をおいています。もちろん、世の中のことを理解するためには、そこに身をおいて理解しようとしなければなりませんが、唯物主義者が全世界を理解しようとして生命のない物質の中に身をおくような仕方で、こういう事柄の中に身をおくことは許されません。

これからの話は、魂の問題なのですが、人智学は決して扇動的であってはなりませんし、あれこれの味方をしてもなりません。真実だけを提示しなければなりません。何をやるにしても、そのやり方は、その人自身の問題です。人智学は指図をするのではなく、真実を語るのです。ですから私は、決して狂信者たちのための掟を定めるつもりはありません。

こういう観点に立っていますから、私は菜食主義や肉食などについて命令的な口調で語るつもりはありません。こういう事柄は、それぞれが自分でよく考えて決めることです。こういう事柄は、自分で体験して決めたときにのみ、意味をもつのです。私がこう申し上げるのは、人智学はこれこれしかじかの食事法の味方をしている、と思われるのは心外だからです。人智学はただ、それぞれの食事法を理解できるようにしようとしているのです。

ミルクの役割

霊的なものを受容するために、私たちは鉱物を熱エーテルにまでもっていかなければなりません。

そうすれば、鉱物を通して霊的なものを受容し、そして順調に発育していきます。すでに述べたように、まだ幼いときは、鉱物を熱エーテルにする力をまだ持っていませんから、ミルクを摂取することで、その用意をします。ミルクの中には、よりたやすく熱エーテルに変化させる力が働いています。ですから幼児の場合、飲んだミルクの働きは急速に頭部に流れ、頭部から子どもに必要な、形態を生じさせる力を発達させます。幼児の生体は頭部から発達するのです。

このミルクの形成力を後年まで保つために、ミルクを飲み続けるのはよくありません。なぜなら、子どものときに頭部へ向かった力、歯の生え替わりまで保たれているこの力は、成人にはもはや通用しないからです。成人以後は、頭部以外の身体が形成力を発揮しなければならないのです。頭部以外の形成力は、ミルクとは別の働きをするものを摂取することによって、増大させることができます。

いいですか。頭部は円く閉じられています。この頭部の中で、身体を形成しようとする幼児期の衝動が働いています。頭蓋骨に閉ざされた頭部とは反対に、頭部以外の身体部分では、骨が内にあり、形成力はその外側で働いています。ここでは形成力が外から働きかけます。子どもにミルクを飲ませますと、頭の形成力が活発化しますが、大人になると、形成力はもはや頭には存在していません。この形成力を外側から働かせるには、どうしたらいいでしょうか。

頭蓋骨に覆われた頭部が行うことを、骨の外側で働かせるようにすればいいのです。頭部で働く力は、ミルクを飲むことで活性化します。ミルクは、内部でエーテルに変わることで、頭部の形成力を発達させるための土台を提供してくれます。成人のためには、頭の内部で作られるのではなく、外部で作られるような、ミルクに似た何かを見出さなければなりません。

自然界には、頭蓋骨をもたぬ頭のようなものが存在します。そこでは頭部の内側で働く力が外から働きかけています。そこではこの力がミルクを産み出してさえいます。

この、すべての側が開いている頭部とは、蜜蜂の巣箱のことです。蜜蜂の働きは、頭の中の働きと本質的に同じなのです。ただ蜜蜂は外で働き、それを支えるものとしては、せいぜい巣箱があるだけです。私たちは頭部で霊的な影響を受けていますが、この巣箱の中でも外から同じ霊的な影響を受けているのです。巣箱の中には蜂蜜がいます。私たちが年をとって蜂蜜を摂りますと、子どものときにミルクが頭のために提供したのと同じ形成力を、外から私たちに与えてくれるのです。

子どものときは、ミルクを摂ると、彫塑的な力が頭から働きかけます。年をとってもなお彫塑的な力が必要なときには、蜂蜜を摂らなければなりません。ただそれ程沢山食べる必要はありません。必要なのは、蜂蜜の彫塑的な働きなのですから。

このように外の自然を見てみると、どのようにして生命を促進する衝動を人間の生体に送り込むべきなのかを知ることができます。美しい子どもと美しい老人のいる国を考えてみるとしたら、それはどんな国でしょうか。それは「ミルクと蜂蜜の流れる」国でなければなりません。古代人は、本能的な霊視によって、「ミルクと蜂蜜の流れる」国にあこがれていました。

こういう素朴な言葉の中には、非常に深い智慧がひそんでいます。真理を探究しようと努めている時に、深い真理に充ちた太古の聖句を見出したときは、本当に浄福な体験をもちます。たとえば「ミルクと蜂蜜が流れる」国というような言葉を見出すときです。実際は美しい子どもと美しい老人だけのいる国など、めったにありませんが。

このように、人間を理解するには、自然を理解しなければなりません。自然を理解すれば、人間を理解するための基礎が見出せます。自然界の底辺には、鉱物界、動物界、植物界があり、上限にはヒエラルキアが存在します。そして常に、底辺の素材から最高の霊的存在にまで、道が通じているのです。

第12講　道徳的宇宙秩序（一九二三年十一月十一日）

霊的、道徳的なもの

人体内では、外的＝自然的な成分が変化します、たとえば、鉱物は熱エーテルに変わります。このことを知ると、人体内には霊的な働きがある、と思わずにはいられません。解剖学や生理学の教科書に出ている図版を見ていると、人間が決まった形態を示しており、自然の成分を摂取して、それをほとんどそのまま体内に受容している、と考えてしまいます。そうすればもちろん、肉体から魂へ通じる橋を見出すことはできません。

はっきりした形態を示している骨や筋肉と道徳的な宇宙秩序との関連を見つけることができません。一方は自然であり、他方は自然とは根本的に異なる何かだと思ってしまいます。しかし人間の中には、あらゆる種類の成分が含まれていますし、すべてが筋肉や骨よりももっと精妙な成分に貫かれています。このことが分かれば、精妙なエーテル的なものが道徳的宇宙秩序の諸衝動と結びつくことができる、と思えるでしょう。

これまでの考察を宇宙の霊性、高次ヒエラルキアの存在たちと結びつけるには、以上に述べた考え方を受け容れなければなりません。ですから、これまでの講義においては、自然の事象から出発したのですが、最終回の今日は人間の中で働く霊性＝道徳性から出発しようと思います。

霊的、道徳的という言葉は、近代文明の中では、多かれ少なかれ陳腐な概念になってしまいました。道徳的、霊的なものに対する感情は、ますます背後に退いてしまい、近代文明は、たとえば教育において、ますます外的事情に眼を向けるようになりました。ですから、「いつもはどうなのか」「何が規則なのか」「どんな掟があるのか」「法律はどうなのか」、などと考えます。良心に根差した内的な衝動に注意を向けることはめったにありません。自分で方向と目標を定める、ということは、近代文明の中ではますます少なくなり、その結果、霊的、道徳的なものが、今日では多かれ少なかれ因襲的、伝統的なところでしか生きられなくなったのです。

霊的、道徳的なものの源泉

本能的な見霊能力を保っていた昔の世界観は、道徳衝動、成熟した道徳衝動を人間の内部から取り出すことができました。道徳衝動が否定されることはありませんでした。しかし今日では単なる因襲になっています。道徳が今日どれほど因襲的なものになってしまったか、はっきりと意識していなければなりません。

もちろん、そうは言っても、道徳における伝統そのものを否定しようというのではありません。しかしモーセの十戒がどんなに古いものかを、考えて下さい。一体今日、十戒のような教えが根元的な人間本性からわき上がってくる、というようなことがありうるでしょうか。人間を社会的に結びつける道徳的、霊的なもの、人から人へ社会的な糸を繋げる道徳的、霊的なものが、一体人間のどこからわき上がってくるというのでしょうか。

人間性における道徳的、霊的なものの本来の源泉は、人間の相互理解の上に立てられた人間愛だけなのです。人間の道徳的、霊的な衝動の成立に関して、どんなに調べてみても、社会生活の中で役割を演じる道徳衝動は、それが人間性から生じるときには、人間の相互理解と人間愛とに発してる、と言わざるをえないのです。人間の相互理解と人間愛とが社会道徳の本来の原動力なのです。基本的に、人間は、霊的な存在であり、そして他の人びとと一緒に生きる存在である限り、人間の相互理解と人間愛を発展させようとして生きているのです。

人間愛と人間の相互理解とが人間の共同生活本来の衝動であるとするなら、その反対である人間相互の無理解と人間憎悪が私たちの社会の中に現れるのは、一体どうしてなのでしょうか。

この重要な問いは、常に問題にされているわけではありません。しかし、人間の相互理解と人間愛とを語る人は誰でも、そう問わなければならない筈です。

この問いは、まさに秘儀参入者たちの取り上げた問いでした。古今東西の秘儀の学は、この問いを自分たちのもっとも重要な問いの一つと考えていました。

秘儀の学は、その出発点においては、この問いを解決する手段をもっていました。今日の通常の学問は、――神によって生み出された魂は本来人間の相互理解と人間愛を素質として持っていますから――次のように問わざるをえません。――「なぜ社会秩序の内部で人間の相互理解と人間愛とが当然のように働かないのだろうか。人間憎悪と人間相互の無理解は何に由来するのだろうか」。もしも霊的、魂的なものの中にそれを求めることができないのなら、物質的、体的なものの中に求めなければなりません。

骨の霊的な起源

しかし人間の物質的、体的なものについて、今日の通常の学問は、それは血液、神経、筋肉、骨である、と答えます。今日の自然科学の眼で骨を眺めるなら、いくら見ても、人間を憎しみに駆り立てるのは骨だ、とは思えません。

あるいは、血液を科学的な方法でどんなに研究したとしても、人間の相互理解を妨げるものは血液である、とは言えません。

もちろん秘儀の学が栄えた時代には、まったく違っていました。当時の人は、本能的に霊視したものの正反対を、人間の物質的、体的なものの中に見ていました。今日の人が霊的なものについて語るときには、せいぜい抽象的な思考内容を取り上げて、それを霊的なものだと言う程度です。そしてこの思考内容があまりに影の薄いものであるとき、あとは言葉だけしか残っていません。ですからその人は、フリッツ・マウトナー（訳註　言語学者 1849-1923）のように、『言語批判』を書くのです。人は、そのような言語批判を通して、もう十分に稀薄になっている霊を、単なる抽象概念にまで稀釈するようになりました。

本能的な見霊能力の成果である秘儀の学は、霊的なものを、抽象概念だとは思わず、イメージ豊かな、みずから語り、響きを発する形姿だと思っていました。霊的なものは生命を担っている、と考えました。ですから、物質的なものである骨や血も、霊と見なすことができました。この秘儀の学においては、今日考えられているような骨は存在しませんでした。骨は、今日の解剖学者、生理学者の場合、構造の力学関係を計算によって割り出す建築学によって建造された建物のように考えられていますが、しかしそう考えるのは、間違っています。すでに述べたように、鉱物的なものが熱エーテルにまで変化され、その熱エーテルの中に霊界のヒエラルキアの働きが及び、そこから骨の形態が作り出されるのです。

ですから、骨を正しく見ることのできる人には、骨の霊的な起源を推察することは容易なのです。骨の現在の形態を現代科学の意味で考察する人は、文字が読めないので、ここに印刷された紙面があり、その中には文字がいろいろある、と言う人に似ています。

文字の形を見ることはできても、それを読むことができない人は、文字の形そのものと、それが表現しているものとを見分けることができないので、文字の形だけを記述します。今日の解剖学者は、骨が何も意味を指示していないかのように、骨を記述します。しかし骨は、霊的なものからの由来を指示しています。

このことは、物質的な自然法則、エーテル的な自然法則のすべてについて言えます。すべては霊界について述べている文字なのです。そのことが納得できなければ、物質のことが理解できません。

人間の生体をこのように見ることができるなら、「霊界への境域を踏み越える人は、めったに耐えられぬような、恐ろしいものを見出す」、と古来東西の秘儀参入者が語っているあの何かが見えてきます。霊界を体験したいと願う人は、大抵は霊界を気持ちよく体験しようと思っています。しかし真の霊的現実を知るには、恐怖を乗り越えなければならないのです。なぜなら、解剖学的、生理学的に見る人間形姿が霊界の二つの要素から、道徳的な冷たさと憎しみから成り立っていることが分かるからです。

道徳的な冷たさ

私たちは魂の中に、素質として人間愛を担っています。他の人たちを理解しようとする、あの道徳的な愛をです。しかし生体の固まった部分の中には、道徳的な冷たさが存在しています。それは霊界から発して、私たちの体組織を合成した力です。私たちはまた、自分の中に憎しみの衝動を担っています。それは霊界から発して、血液循環を生じさせる力です。私たちは、非常に愛情豊かな魂として、人間の相互理解を渇望する魂として生きていく一方で、無意識の中の魂が身体の中に流れ込むところで、冷たさが宿っているのを認めなければなりません。

道徳的な冷たさは、熱エーテルという廻り道を通って、身体の冷たさに移行します。私たちの体内の無意識の部分には、道徳的な冷たさと憎しみとが宿っています。そして身体に宿っているその冷たさと憎しみとは魂の中にもたらされます。人間の魂は、人間相互の無理解を感染させられます。それは道徳的な冷たさと人間への憎しみの結果なのです。だからこそ、人は道徳的な熱を、つまり人間の相互理解と愛を自分の中に育てなければなりません。実際、人間の相互理解と愛だけで、身体に由来するものを克服しなければならないのです。

霊的に見れば明らかなように、十五世紀以来の私たちの文明は、一方では知的、合理的になり、他方では唯物論的になってしまいました。魂の中には、多くの人間不信と人間憎悪が存在しています。人が思う以上にそうなのです。人は死の門を通ったときはじめて、人の無意識の中にどれ程の人間不信と人間憎悪が存在しているかを認めるでしょう。そのときはじめて、人は自分の魂的、霊的なものを物質的、身体的なものから引き離すことができるからです。自分の中から物質的、身体的なものを切り離すと、冷たさと憎しみの衝動が単なる自然力となって現れます。

人間の死体を見て下さい。更には霊眼でエーテル体の死体を見て下さい。植物や石のように、もはや道徳的な判断を呼び起こすものは、そこには存在しません。そこにひそんでいた道徳的な部分は、自然力に変化してしまいました。しかし人間は生きている間、多く事柄を吸収し、それを死後にまで持ち込みます。自我とアストラル体が生き続け、生きている間に繰り返して肉体とエーテル体の中に沈んでいって、生前は気づかれぬままに留まっていた、自分の知っている人びとに対する憎しみと冷たさの衝動のすべてを霊界に持ち込みます。すでに述べてきたように、現代文明の中で人が死ぬとき、その人の中に多くの人間不信と人間憎悪が植え込まれているのが分かります。現代人はこの二つの衝動の非常に多くを、死後にまで持ち込むのです。

しかしそのとき持ち込むのは、物質として存在する肉体とエーテル体を生じさせた霊の働きの残滓なのです。人間不信と人間憎悪という、本来物質界に属しているものの残りを霊界の中に持ち込みます。しかし死から新しい誕生までの間、人間不信と人間憎悪を担い続けることは、決してその人のためにはなりません。なぜなら、それらを担い続けるなら、その人は死から新たに生まれるまでの間、先へ進んでいくことができないでしょうから。

死者たちのいく超感覚的な世界においては、直接的に人間の進歩を妨げる流れが絶えず流れています。一体この流れは、何に由来するのでしょうか。

それを知るには、現代人の生活を振り返ってみる必要があります。現代人は互いにすれ違っても、相手がどんな人なのか、あまり関心を持とうとしません。自分の今の在り方に満足しています。そして誰かが違った生き方をしていると、優しく向き合おうとはせず、そんな生き方をしてはいけない、と決めつけます。相手も自分と同じようでなければならない、と思い込んでいるのです。

このことは、あまり意識されていないかも知れませんが、社会生活の中で巾をきかせているのです。

人間関係の中で、お互いの会話の中で、相手を理解しようとする衝動がどのくらい生きているでしょうか。人はどうあるべきかについて、人びとは大声で社会に訴えかけていますが、本音のところでは、誰でも自分のようでなければならない、と思っているのです。ですから、まったく違った人が来ると、あからさまに言わないまでも、その人を敵だと思います。はっきり意識しないまでも、いやな奴だと感じるのです。ですから、人間の相互理解に欠けており、道徳的な熱に欠けており、愛に欠けているのです。そういうものが欠けていればいるほど、道徳的な冷たさ、人間憎悪が死の門を通っていくのです。

けれども人間が進歩を遂げるということは、その人の個人目標であるだけでなく、世界秩序全体の目標でもあります。ですから、死の門を通ると、第三ヒエラルキアの本性たちが働きかけてきます。天使、大天使、人格霊が働きかけるのです。

人が死の門を通って霊界に参入する最初の時期に、第三ヒエラルキアの本性たちは、その死者に身をかがめ、死者から人間不信に由来する冷たさを優しく取り去ってくれるのです。しかし第三ヒエラルキアの本性たちは、こうして人が死後霊界へ持ち込むものに悩まされているのです。

死者は、人間憎悪の残滓をさらに担い続けなければなりません。それを取り除くことができるのは、第二ヒエラルキアの叡智霊、運動霊、形態霊の働きだけだからです。この霊的本性たちが残り続けた人間憎悪のすべてを取り除いてくれるのです。

こうして死者は、第一ヒエラルキアの本性たち、セラフィーム、ケルビーム、意志霊の領域に到ります。それは、私の神秘劇の中で「霊界の真夜中」と呼ばれた領域です。人は、それまでに人間不信と道徳的な冷たさを、人間憎悪を、第三、第二ヒエラルキアの本性たちによって取り除いてもらっていなければなりません。そうでなかったなら、第一ヒエラルキアの領域で内的にまったく否定されてしまい、このセラフィーム、ケルビーム、意志霊の領域を通過することはできないでしょう。ですから更なる進歩を遂げようとする人間の衝動を生かすためには、まず人間の物質的、エーテル的な本性が高次のヒエラルキア存在たちを悩まし続けざるをえないのです。

頭部の形成

これらすべてを洞察し、道徳的な冷たさが霊界を悩ますのを見る人は、地上の物質的な冷たさと霊的な冷たさとの親和性が分かってきます。雪の中、氷の中での物質的な冷たさは、霊界における道徳的＝霊的な冷たさの物質的反映なのです。この二つを比較することは大切です。霊界で死者の人間不信と人間憎悪とが取り除かれるとき、その一方で、その死者は次第に自分の形姿を失います。多かれ少なかれその形姿は融けて消えていくのです。

死の門を通った人は、まだ地上にいたときと同じような様子をしています（図14参照）。地上で生きているときの身体は、多かれ少なかれ粒子状の成分から成り立っているとしても、その形姿そのものは霊的なのです。人体形姿を物質であると考えるのは、ナンセンスです。私たちは人体形姿を霊的なものと考えなければなりません。

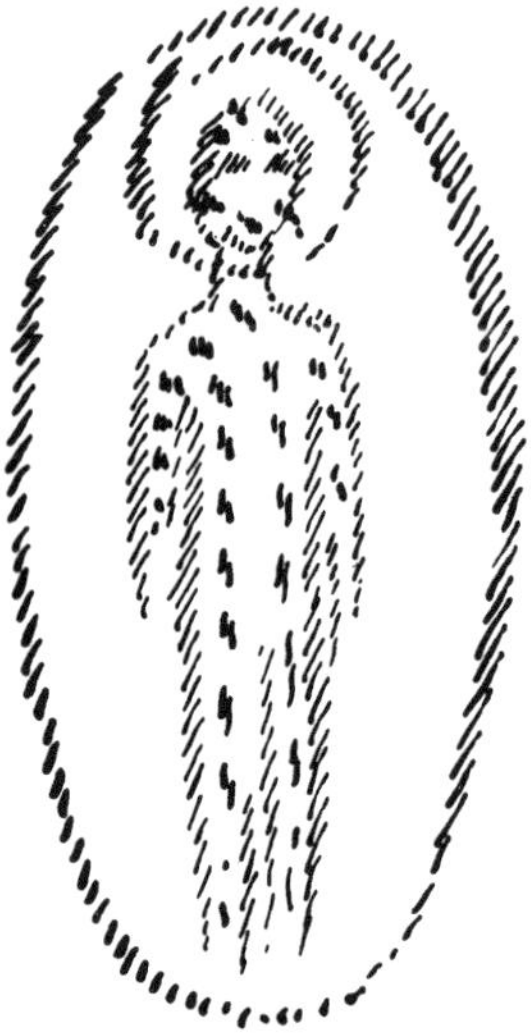

図 14

人体の中に存在する物質成分は、到るところで粒子として存在していますが、そこに働く霊的なエネルギー体が、この粒子を人体形姿にまとめているのです。そうでなければ、人体は崩れて、塵の山になってしまうでしょう。皆さんの一人ひとりから人体形姿を引き抜いてしまった人体の物質成分もエーテル成分も、塵の山に帰してしまうでしょう。私たちが塵の山なのではなく、見事に形成された姿をあらわしているのは、物質の働きではなく、霊の働きなのです。人間は霊的な存在である故に、この地上を歩き廻ることができるのです。人間が単なる物質存在であるというのは、ナンセンスです。人体形姿は純粋に霊的なものなのです。物質成分は、いわばパン屑の山なのです。

死の門を通過した人は、この人体形姿をま

だ保っています。その姿は輝き、きらめき、多彩に光っています。けれども、まず頭部の形姿が失われます。次いで他の人体部分も消えていきます。そしてセラフィーム、ケルビーム、意志霊の領域にまで到りますと、完全にメタモルフォーゼを遂げて、宇宙の模像になってしまいます。

このように、死者の行く手を辿っていくと、死者が形姿を次第に上部から下部へと失っていくさまが見えてきます。そして下部の最後の一片が失われるとき、すでにすばらしい霊姿が形成されています。宇宙全体を映し出した霊的形姿がです。そして同時に、その姿は、人がいつか持つであろう未来の頭部の手本でもあるのです。そのとき、死者は、第三、第二ヒエラルキアだけでなく、至高の第一ヒエラルキアの存在たち、セラフィーム、ケルビーム、意志霊の働きの中に組み込まれています。

そのとき、死者に何が生じるのでしょうか。人体に考えうるもっともすばらしいことが生じるのです。かつて地上で人体の下半身だったものが、頭部を形成するのです。地上を歩き廻っているときの私たちのあわれな頭は、意識化の器官であり、思考内容を担う器官であるにすぎません。しかし思考内容は私たちの胸の同伴者でもあり、そして特に肢体の同伴者でもあるのです。もし私たちが頭で考えるだけでなく、たとえば肢体で考え始めますと、その瞬間に、カルマの現実がすべて見えてきます。私たちがカルマのことを何も知らずにいるのは、もっとも表面的な思考器官である頭部で考えているからです。指で考え始めますと、――実際、頭の神経で考えるよりも、手の指や足の指で考える方が、もしもそうできるようになったならば、はるかに透徹した考え方ができるのです――、まだ完全に物質となってしまっていない、下部の人間で考え始めますと、私たちの思考はカルマを考え始めるのです。

カルマの獲得

手を使って、ものをつかむだけでなく、ものを考えるならば、手で私たちのカルマを追求できるのです。なかんづく、足で歩くだけでなく、足で考えるとき、特にはっきりと、私たちのカルマを辿ることができます。人がひたすら地上にこだわるのは、――失礼な言い方ですが、別の言葉が思い浮かびません――、そのこだわりは、あなたが思考の働きを頭の中に閉じ込めているから生じるのです。人間は全身で考えることができます。全身で考えるとき、この中央の部分がひとつのすばらしい宇宙叡智を考え、そしてこの下の肢体全体が、カルマを考えるのです。

私たちが人間の歩みや手や指の動きに注目して、その人の心の動きを推察するのは、大切なことですが、それだけではまだ十分だとは言えません。そこには、その人の道徳的な態度、その人の運命、その人の霊性までもが表現されているのです。人はこの世を去ったあと、その形姿を失います。まず身体の形姿を想起させるものが消えていきます。しかしその消えていく経過を辿りますと、身体の形姿が、その人の道徳的な態度の現れであったことに気づかされるのです。死者が「存在の真夜中」に近づき、セラフィーム、ケルビーム、トローネの領界に到ると、すばらしい変容を遂げ、その形姿が消えていくのですが、しかしこのことは決定的なことではありません。その形姿は消えていくように見えますが、そのとき、本当は、高次の世界の霊的存在たちが、死者と共に働いているのです。カルマ的に結びついている人たちと一緒に、相互に働き合っている死者たちと共に、霊的存在たちも働いているのです。そして前世での人体形姿から来世での人体形姿が形成されていくのです。来世での形姿は、そのときはまだ霊的な形姿に留まっています。

この霊的な形姿が、まず胎内で胎児と結びつきます。しかしすでに霊界において、足と脚は頭部の顎に変容し、手と腕は頭部の頬骨に変容しています。下半身が頭部に変容しています。

霊的衝動

この変容は、私たちが認識することのできるもっともすばらしい経過です。まずはじめに、全宇宙の模像が創られ、そして今お話ししたすべてが生じたあとで、その模像が道徳的な形姿に分化していくのです。すでに存在していたものが、これから生じるであろうものに変容していくのです。次いで私たちは、人間の霊姿がさらに変化していき、ふたたび第二、第三ヒエラルキアの領域に戻っていくのを見ます。今、この変化した形姿に、将来の頭部の萌芽であるこの形姿に、将来の胸部系、肢体系、代謝系の諸器官がつけ加わらなければなりません。では、そのような結合をうながす霊的衝動は、どこから生じるのでしょうか。

それは死者が霊界での道の前半の過程を辿っていたときに、第二、第三ヒエラルキアの存在たちが集めた衝動なのです。この存在たちはそれを死者の道徳的な態度から取り出してきたのですが、それが今、死者に返されます。そしてこの存在たちはそこから循環系、代謝系、肢体系の諸器官のための萌芽を創り出すのです。

死者は、霊界での道の後半に将来の身体のための霊的な形姿を受けとります。この霊的な形姿が、肉体とエーテル体を生じさせる力となって胎児に組み込まれます。しかしこの力は、前世での人間不信と人間憎悪の物質的な模像なのです。私たちの肢体は、霊的には、この人間不信と人間憎悪から形成されたのです。

このような考え方をするためには、物質界で必要とされる感じ方とはまったく異なる感じ方を身につけなければなりません。そのためには、このような仕方で霊体から身体に変わるものに眼を向けることができなければなりません。そして、骨の中には道徳的な冷たさの物質的な模像が現れていること、血の中には道徳的な憎悪の物質的な模像が現れていることを敢えて肯定できなければなりません。私たちはあらためて、客観的に、こうした事柄に眼を向けることができたとき、人間の内部と外的な自然との相違が分かってくるのです。

植物の花の中には人間の良心が現れている、と申し上げたことを思い出して下さい。外にあるものは、私たちの魂の働きの像なのです。私たちが自分の内に持っているものは、外なる自然とは似ても似つかぬものであるように見えます。しかし、鉱物として現れるときの骨は、炭酸石灰と燐酸石灰を憎悪し、そこから身を引き、自分の中に閉じこもり、外の自然の中にある炭酸石灰と燐酸石灰以外のものになることによって、骨であることができたのです。人間が物質的な形態をもつことができるためには、肉体の中に憎しみと冷たさが存在していなければならないのです。

人間進化の急変

こう考えるとき、私たちの言葉は、内的な意味を帯びてきます。人骨はさいわいにも一定の堅さを保っていますが、この堅さは、霊的な冷たさの物質的な模像なのです。私たちの魂が一定の堅さをもつとすれば、それは社会生活上良いこととは言えませんが、人間の物質存在は魂の存在とは異なります。人間が人間であることの可能性は、人間の物質存在が人間の魂的＝霊的存在とは異なるものであることの中にあるのです。人間の物質存在は、周囲の物質環境とも異なっています。私がお話しした変化の必要性は、このことに基づいています。

このことは、以前『宇宙論と哲学と宗教』と題した連続講義の中で述べた事柄に対する重要な補足でもあります。人間とヒエラルキアとの結びつきを考える上での必要な補足でもあります。しかしこの補足は、これまでの数回の講義で述べたような観点に立ったときにのみ可能になったのです。鉱物界・植物界・動物界の個々の存在を霊視するのと同じ仕方で、私たちはヒエラルキアの働きを霊視します。ヒエラルキアの働きは、この地上での自然や人間の働きと同じように、時に応じて生じます。

死から新しい誕生に到る霊界での生活を見ると、誕生から死に到る地上での生活と同じように、その個々の在りようを記述できます。本来ならば、死者が霊界に担っていく人間不信と人間憎悪とがふたたび人間に与えられ、それが高貴化され、そこから人間の形姿が創り出される筈なのです。が、数百年、数千年にわたって、地上の人間の進化に特別の事態が生じました。霊界において、人間不信と人間憎悪の働きのすべてを新しい人体を形成するために使い尽すことができなくなってしまったのです。残り滓が後に残りました。この残り滓は、これまでの数世紀の間に、地上に下りてきました。それで地球の霊的大気圏、いわば地球のアストラル光の中に、人間の外に存在する人間憎悪と人間蔑視の衝動が混入するようになりました。

この残り滓は人体形姿になることなく、アストラル光として地球の周りを流れます。そして人間の中に働きかけます。一人ひとりの人間の中にではなく、人間の集団の中に働きかけ、文明の中にも働きかけます。それが文明の中で、かつて私が一九一四年の春にウィーンで語ったように、霊的な癌となっているのです。『死後の生活』と題したこの連続講義の中で、現代社会の癌の話をしたときには、あまり受け入れられませんでしたが、そのとき以来、私たちはその結果を経験してきました。当時の人びとは文明の営みについて何も考えずに生きていました。自分たちの文明が癌に冒されているとは思ってもみませんでした。そして一九一四年、世界大戦が勃発しました。文明の癌は、今日、まったく有害な文明要素となって現れています。もちろん、文明全体は精神の所産です。私たちの近代文明社会の中には、人間憎悪と人間不信とが潮流となって流れ込んでおり、人体形成に役立ってはいません。流れ込んだものは、近代文明の寄生物となって生きています。

文明の寄生物

近代文明は、根深いところに寄生物を抱えこんでいます。まるで寄生虫や黴菌に冒された生体のようにです。人間の織りなすさまざまな思考内容は、人間自身と生きた結びつきなしに、存在していま す。それはごく日常的な場所にも現れています。どうぞ考えてみて下さい。人は学ぶとき、勉学の喜びから学ぶのではなく、試験に受かるために、あるいはまともな役人になるために、椅子にすわって勉強するのです。そのときには、学習内容と精神的なものへの渇望とが結びついていないのです。毎日おいしいものばかり食べ続けて、空腹を感じるひまのない人のようです。そういう食べものは、私が申し上げたような変容を遂げません。人間の中で重荷となり、最後には寄生虫を呼び込んでしまうのです。

近代文明の中の多くが、人間から切り離されて、人間のこころの根源的な衝動から産み出されたものの上に、宿り木のように生きています。多くの事柄が私たちの文明の寄生的な存在となって生きているのです。このことを洞察し、私たちの文明をいわばアストラル光の中に見るとき、すでに一九一四年の時点で、人類の中に癌の末期症状が現れているのに気がつきます。しかもこの状況に別のことがつけ加わるのです。

私はいわば霊的な生理学を取り上げ、下から上に働きかけるグノームとウンディーネが、人間の中に寄生的な衝動を呼び起こす、と申し上げたことがあります。そうすると、反対のイメージが生じる、とも申し上げました。つまり、シルフと火の精を通して、毒が上から下へ持ち込まれるのです。そのようにして、寄生的な性質をもつ文明の中で、上から流れてくる霊的な真実がおのずと毒になるのではなく、人間の中で毒に変わるのです。ですから、「ゲーテアヌム」紙上で述べましたように、人間は不安に駆られて、その真実を退けるために、いろいろの理由を考え出します。

二つの事柄が結びついています。下では寄生的な文化が存在しています。根源的な法則に反して、寄生虫をみずからの中に含んでいます。そして上からは毒が下りてきます。下りてきた霊性が文明の中に入り込み、人びとに受けとられて毒になるのです。このことをよく考えると、現代文明にとってもっとも重要な徴候が分かってきます。そしてこのことが分かれば、救済手段としての文化教育上の観点がおのずと明らかになります。実際の診断と病理研究から筋の通った治療法が見えてくるように、次々と連鎖的に生じる文化病理の診断から、治療法が見えてきます。

ヴァルドルフ学校教育

今日、人類が必要とする文明は、人のこころに触れるもの、人のこころから発するものでなければなりません。今日、子どもが学校に通うとき、高度文明の所産であるアルファベットのＡＢＣを学びます。しかしそれは、子どものこころに触れるものではありません。子どものこころと結びついていません。ＡＢＣを学ぶことで、子どもの頭とこころに何が生じるかというと、霊的、魂的に、子どもの中に寄生虫が生じるのです。

現代文明の中から、寄生虫のように、人びとの心の中に押し入ってくる多くのことが、私たちの学校生活の中に見えてきます。ですから、子どもが学校に通うときには、子どものこころから生じてくるような教育芸術を育てなければなりません。子どもに色彩を描かせるときには、喜びや幻滅やその

図 15

他の感情の働きから生じる色彩形態を、紙面に描かせなければなりません。喜び—悲しみ—それを例えば次のように図に描かせるのです（図15参照）。

子どもが自分のこころを紙面に表現するときは、そこに人間的な触れ合いが生じます。そこには寄生的なものは生じません。指や鼻が子どもの一部であるように、色彩も子どもの一部になるのです。それに反して、高度文明の所産であるアルファベットを覚えさせられる子どものこころには、寄生的なものが現れます。

子どもにとって身近なものが教育と結びつくとき、毒ではなく、霊的なものが子どもに与えられます。近代文明は癌に冒されている、と診断できれば、治療の手段も見出せます。そしてその治療手段こそが、ヴァルドルフ学校教育（訳註 シュタイナー教育のこと）なのです。

愛する皆さん、ヴァルドルフ学校教育は、この治療手段以外の何ものでもないのです。そこでは医療とまったく同じ考え方で、文化について考えられています。二、三日前に言いましたように、教育は精神生活のための医療でなければならないのです。本来、人間存在は下から、栄養問題から、治療を通って、上なる精神目標へ向かって発展していくものなのです。このことは、私たちが文化の病を治療しようとするとき、特にはっきりと意識されなければなりません。事実、この文化の治療こそがヴァルドルフ学校教育でなければならないのです。

もちろん、この関連を洞察するだけでなく、この関連の中でヴァルドルフ学校教育を実践しようとする人には、このことは非常に深刻な問題です。なぜなら、中部ヨーロッパは文明の癌に深く浸透されており、その結果、ヴァルドルフ学校教育の実践が不可能だとは言わないまでも、教育にとって障害となる状況が生じているからです。

こういう事実から眼を背けてはなりません。私たちが現代文化の治療に協力するつもりなら、この事実をそのための衝動にすることができなければなりません。一九一三年のヘルシンキでの連続講義『バガヴァッド・ギーターのオカルト的基盤』で、私は霊的な認識によって、ウッドロウ・ウィルソンの欠点を指摘いたしました。彼はその後、多くの文明人たちにとって、世俗の神様になりましたが、今、その人たちも悟らざるを得なくなっています。ウッドロウ・ウィルソンの主張がどういう方向へ行ったか、当時は、文明の癌として私の述べた事柄がその後どうなったかをです。当時には当時の事情があり、現在には現在の事情があります。今私たちの経験している事柄は、その当時と少しも変わらず、人びとは眠り続けています。私たちにとって大切なのは、目覚めることです。そして人智学は文化に正しく目覚めることができるように、あらゆる努力を払っています。

今回の講義の最後に申し上げたかったのは、このことなのです。

人間と自然　解説とあとがき

大自然のさまざまないとなみ、塩の結晶、路傍の草花、その草花とたわむれる蝶、雨がえるの鳴き声、天空を飛翔する鷲、そのどれをとっても、人間の運命との深い結びつきを見てとることができる。人間の生活も、それら大自然のさまざまな営為の一翼を担って、宇宙全体の叡智の下に、同じ進化の過程を共にしている。それにも拘らず、現在のわれわれが宇宙全体の生命《いのち》のいとなみの中で見る人間の一生は、草原でひたすら食べ、消化することにいそしむ牛の一生にも及ばないくらいに、破壊的で、非生産的で、自己中心的である、と思わざるをえない。――以上が本書の中で著者シュタイナーが読者と共に考え、感じようとしている基本課題である。

そもそも、現在の学校教育を受けて育ったわれわれは、本当に生命のいとなみが宇宙そのものの中にあり、そのいとなみを通して進化の目的を感じとることができるのだろうか。本当に自分の一生が破壊的で、非生産的で、自己中心的である、と思えるのだろうか。本書の中でシュタイナーは、われわれ人間を取り巻く大気の中には、酸素、窒素その他の物質成分だけでなく、宇宙生命が充満しており、その生命の気を受けて、鉱物、植物、動物たちがそれぞれところを得て、それぞれの役割りを演じながら、宇宙全体の生命のいとなみを支えている、ということを、自然のいとなみの細部に立ち入って詳しく語っているが、繰り返して、それを知的、論理的にではなく、感情の力で受けとってくれるように、と訴えている。なぜなら、論理的、知的な態度をとる限り、人間は、地上で本当に人間らしく生きようとすると、地球は地球らしく存在することが不可能になってしまい、人間と地球は、互いに相手を必要としているのに、互いに支え合うことができなくなってしまうからである（五六頁）。

本書はシュタイナーの観点から見た生態学《エコロジー》の代表的な作品である。シュタイナーの観点は、例えば次のような発言によく現れている。——人間の頭から肢体までの凡てを研究すればする程、宇宙と人間がまったく一体である、と思わざるをえない。「人間の頭部は、地球紀における熱、空気、水、地のメタモルフォーゼ（変容）の過程の凡てを共にしてきました。鉱物化されていますが、まだ依然として生命に貫かれている頭骨が、先ず鉱物の変容を現わしています。しかし頭部の内部も、大地の鉱物の変容を共にしてきたのです。脳の中央部にピラミッド状の松果体があります。四床体と視床の近くにあるこの松果体は、脳砂と呼ばれるレモン・イエロー色の砂を分泌します。この脳砂は松果体の末端に、ひとかたまりになって存在しています。それは本当に、人間の頭の中の鉱物として存在しています。もしこの砂がなければ、クレチン病患者になり、白痴になってしまいます。通常の松果体は比較的大きな形をしていますが、クレチン病患者の松果体は麻の実ほどの大きさしかなく、もはや脳砂を分泌しません。この鉱物質の分泌物の中に、本来の『霊人』が存在しています。このことは、生命的な存在が霊を宿らせることができず、人間の霊はその中心に無生物的なものを必要としているのだ、ということを暗示しているのです。生きた霊は、生命のないものの中で、独立して存在しているのです。」（一一二頁）

こういう一節を読むと、われわれの感性は、ヨーロッパの巨石文化よりも、日本の磐座《いわくら》や石仏やミロク信仰など、こんにちでも日常の中に生きている石の信仰のことを考えてしまう。

本書は四つの部分に分かれ、第一部と第二部に当る第1講から第6講までは、冒頭に述べられているように、大宇宙の多様な秘密を一つひとつ「渡り歩きながら」、その同じ秘密を人間の中に再発見しようとしている。そのために鷲、ライオン、牛、人間という、いわゆる「四聖獣」から魚、蝶と蛾、昆虫、爬虫類、更には植物、鉱物の一つひとつの中に、どれ程深い叡智が生きて働いているかを詳細に述べている。

本書の後半、第三部の第7講、第8講、第9講になると、それまでは「霊」、「霊的」という言葉を無前提に使っていた著者が、「霊的な」存在たちのことを、シュタイナーの全講義録の中でも類がないくらい具体的に、詳細に語っている。特に興味があるのは、四大霊と呼ばれるグノーム（地の霊）、ウンディーネ（水の霊）、シルフ（風の霊）、サラマンダー（火の霊）と植物、動物との結びつきの詳しい描写である。そこには例えば、次のような一節がある。――「この存在たちは、感覚世界の存在たちとは異なり、物質体をもっていませんから、彼らが把握し、知覚する世界は、人間の眼に映じる世界とは別様に現れます。……グノームにとっての地球体は、どこへでも行ける虚空間なのです。グノームはどこへでも行くことができます。岩石も、金属も、歩き廻るのを妨げたりはしません。……そして地球が存在しているとはまったく考えていません。ただ異なる感情を体験する空間があると考えています。金の感情、水銀の感情、錫の感情、珪酸の感情などがあるのです」（一五六—一五七頁）。

第四部の第10講、第11講、第12講は、宇宙進化の中での現在の人間の考察に当てられている。——凡ての宇宙のいとなみは、人間の外と人間の内とでは、異なった在り方をしている。人体の体温は、外界の温度よりも平均して高温であるが、この高温を維持することで物質の作用力を生命（エーテル）の作用力に変えるために、鉱物は凡て、人体内では熱になろうとしている。

病気と治療に関しては、次のような述べ方で、類似療法《ホメオパシー》の基本的な観点を明らかにしている。——世界中のどこにいても、治療のために役立つ霊的な働きを物質の中に見てとることができる。自然の中でも、絶えず病気が作られたり、絶えず病気が治ったりしているからだ。——「石灰の過程が悪しき事柄を生じさせるとき、そこに銅の過程が結びつくのですが、そこには治療過程が存在しています。地中のどこかに、黄銅鉱その他のものを見るとき、『これは正しい仕方で人間を治療するのに似た過程である』、と思えなければなりません。」「こうして環境を調べます。金属が大地のそこここに現れるとき、そこに治療過程が示されているのです。その金属を類似療法的な手続きに従って服用し、生体に作用させるとき、自然が外で示してくれた治療を患者に適用しているのです」（二〇〇—二〇一頁）。

さまざまな自然のいとなみを渡り歩き、自然全体の進化と協同作業の現れを確認するという宇宙の旅の成果は、最後に、次のような格言にまとめられている。

自分自身を知りたければ
宇宙の到るところに眼を向けよ。
宇宙を知りたければ
自分の内なる深みを見よ（二〇一―二〇二頁）。

最終講の第12講は、人間関係論に集中している。なぜなら、エコロジーの精神と言うべきものは、基本的に他者との相互理解の上に立てられた存在への愛だけだからである。なぜ社会の中に、こんにちこれ程の人間憎悪と人間相互の無理解が巾をきかせているのかを、宇宙全体との関連の中で見るなら、その憎悪と無理解は、深いところに根ざしており、人間の魂の中にではなく、物質的、身体的なものの中にその原因を見てとることができる。つまり、人間憎悪と同質のエネルギーが人体に骨格を与えているのだし、相互の無理解が血液の循環をもたらしてくれたのだ。そもそも一人ひとりの人体という個体を形成するエネルギーは、道徳的な観点から見ると、基本的に関係性を否定する在り方を示している。ところが現在のヨーロッパ社会では、本来人体形成のために用いられるべき個体化のエネルギーが、その方向へ向わず、社会の中に停滞して、まるで社会の癌の末期症状のような状況を生じさせている。

そこで最後にシュタイナーはこう強調している。こんにち、われわれのもっとも緊急にやるべきことは、税制改革でも、ウッドロウ・ウィルソンの説く国際協調でもなく、教育を通して文化に目覚めることだ。「愛する皆さん、ヴァルドルフ学校教育は、この（社会的）治療手段以外の何ものでもないのです」（二三九頁）。こう述べて、シュタイナーは全体のしめくくりとしている。

さて訳者はこのテキスト（*Der Mensch als Zusammenklang des schaffenden, bildenden und gestaltenden Weltenwortes* 〈人間——創造し、造形し、形成する宇宙言語を共に語るもの〉）を訳しながら、数年かけて京都で勉強会を続けた。そのときの参加者の方々に支えられて、本書をこういう形で出版することができた。出版にいたるまで、いろいろ配慮して下さった春秋社の皆さま、特に鈴木龍太郎さんと永田透さんに感謝しております。

二〇〇四年一二月一六日　町田にて

高橋　巖

◆訳者紹介

高橋　巖　Iwao Takahashi

東京、代々木に生まれる。慶應義塾大学文学部大学院修了後、ドイツに留学。ミュンヘンでドイツ・ロマン派美学を学ぶなか、シュタイナー思想に出会う。1973年まで慶應義塾大学で教鞭をとる（美学・西洋美術史を担当）。1985年、日本人智学協会を設立。著書に『神秘学講義』（角川書店）、『シュタイナー哲学入門』（岩波書店）、『シュタイナー教育入門』（亜紀書房）、『シュタイナーの人生論』（春秋社）ほか、訳書に『シュタイナー・コレクション』全７巻（筑摩書房）、『秘教講義』（１～４、春秋社）ほか。2024年３月30日、逝去。

シュタイナー　宇宙的人間論
――光、形、生命と人間の共振

2005年２月１日　初　版第１刷発行
2024年９月30日　新装版第１刷発行

著　者＝ルドルフ・シュタイナー
訳　者＝高橋　巖
発行者＝小林公二
発行所＝株式会社春秋社
〒101-0021　東京都千代田区外神田2-18-6
電話　(03)3255-9611（営業）(03)3255-9614（編集）
振替　00180-6-24861
https://www.shunjusha.co.jp/
印刷所＝株式会社丸井工文社
製本所＝ナショナル製本協同組合
装　幀＝本田　進

2024©ISBN978-4-393-32234-5 C0011　　Printed in Japan
定価はカバーに表示してあります

ルドルフ・シュタイナー／高橋　巖［訳］

〈危機の時代の人智学〉３部作

1 アカシャ研究による第五福音書

人類は未来に〝第五〟の福音に接する。イエスが真にキリストたらんとする契機はどこにあったのか。キリストの本性と人類進化の秘密を解く有名な講義。付『キリストと人間の魂』。２８６０円

2 歴史徴候学

シュタイナー、歴史認識の真価。魂の進化にとって何が本当の現実なのか。歴史通念の背後に潜む「真実」の霊学的意味。新しい理念を志向して、現実を見抜く視点と洞察力を養う。３０８０円

3 ミカエルの使命　人間本来の秘密の開示

強さの霊ミカエルは人類の進化にどう関わるか。人智学の学び、共同体形成への目覚め。付『共同体を人智学的に形成するために』&高橋巖講演「私たちの時代の霊的背景について」２９７０円

〈自由と愛の人智学〉３部作

1 ゲーテ主義　霊学の生命の思想

若き日のシュタイナー、よみがえるゲーテ。一人ひとりが真の認識を目指す世界観への道。『ゲーテの世界観』から第一部。『百年前のドイツ神智学』『神智学と社会問題』ほか一編。３０８０円

2 キリスト衝動　聖杯の探求

隠されたキリストの働き。ゴルゴタの秘儀が人類の進化に及ぼす影響とはどのように認識されるのか。キリストと人間の深い結びつきを説く『聖杯の探求―キリストと霊界』ほか三編。３０８０円

3 平和のための霊性　三分節化の原理

シュタイナー後期、宇宙的霊性論の深化。宇宙と人間の関わりの緊密な様相を開示する。困難な時代を生きぬくための人智学の世界観。人間と宇宙を関係づける「三分節化」論ほか三編。３３００円

▼価格は税込（10％）